ONTHEREDBOX

O Poder do Evangelho
Redescobrir A Mensagem da Cruz

Copyright © 2020 por Jacob Bock
Publicado por: **Ontheredbox**
Traduzido por: **Miguel Matias**

Puerta del Sol 4, 5ª Planta
28013 Madrid, Espanha

facebook.com/ontheredbox

Primeira Edição 2020

Versão bíblica utilizada: Almeida Revista e Corrigida, Edição de 1995, Sociedade Bíblica do Brasil

Na página 23, dois versículos são da ARA e da NVI:
Eclesiastes 3:11 (ARA) Almeida Revista e Atualizada, 2ª Edição 1993
Mateus 6:27 (NVI) Nova Versão Internacional, 1993, 2000
International Bible Society

O PODER *do* EVANGELHO

REDESCOBRIR
A MENSAGEM
DA CRUZ

Por
JACOB BOCK

ÍNDICE

INTRODUÇÃO 11

CAPÍTULO UM
O PROBLEMA • 13

Coluna Um: A Lei   15
A Lei Revela Que És Pecador   19
A Lei Revela Que És Culpado   21
A Lei Revela Que Estás Morto   23
A Lei Revela Que És Escravo   25
A Lei Revela Que Estás Sujo   27
A Lei Revela Que És Inimigo de Deus   29
A Lei Revela Que Estás Debaixo da Sua Ira   33
Recapitulação   34
Considerações Finais   34

CAPÍTULO DOIS
A CONSEQUÊNCIA • 39

Coluna Dois: Eternidade   41
1. Morte   42
2. Julgamento   45
3. Inferno   49
4. Céu   53
5. Recapitulação   53
6. Considerações Finais   54

CAPÍTULO TRÊS
A SOLUÇÃO • 57

Coluna Três: A Cruz de Cristo   60
Perdoado - Jesus Assume o Teu Lugar   63
Inocente - Jesus Justifica-te   67
Vivo - Jesus Regenera-te   71
Livre- Jesus Redime-te   75
Limpo - Jesus Santifica-te   79
Amigo - Jesus Reconcilia-te   83
Amado - Jesus É a Tua Propiciação   87
A Ressurreição   90
Recapitulação   91
Considerações Finais   92

CAPÍTULO QUATRO
A NOSSA RESPOSTA • 93

Coluna Quatro: Arrependimento e Fé   97
Atravessar a Cruz   97
O Que É o Arrependimento?   98
O Poder do Espírito Santo   98
Como É Que Eu Me Arrependo?   98
O Que É a Fé?   100
Recapitulação   103
Considerações Finais   103

RECAPITULAÇÃO DAS QUATRO COLUNAS   105

CONCLUSÃO   107

*Escrito para todos os Cristãos
que têm desejo de compreender melhor
a mensagem do evangelho
e de aprender a comunicá-la com
poder*

Agradecimentos especiais a:

Julie Bock

*Scott Harrup
Paul Collins
Olivier Darbonville*

(Pensavam que eu ia conseguir escrever
este livro sozinho?)

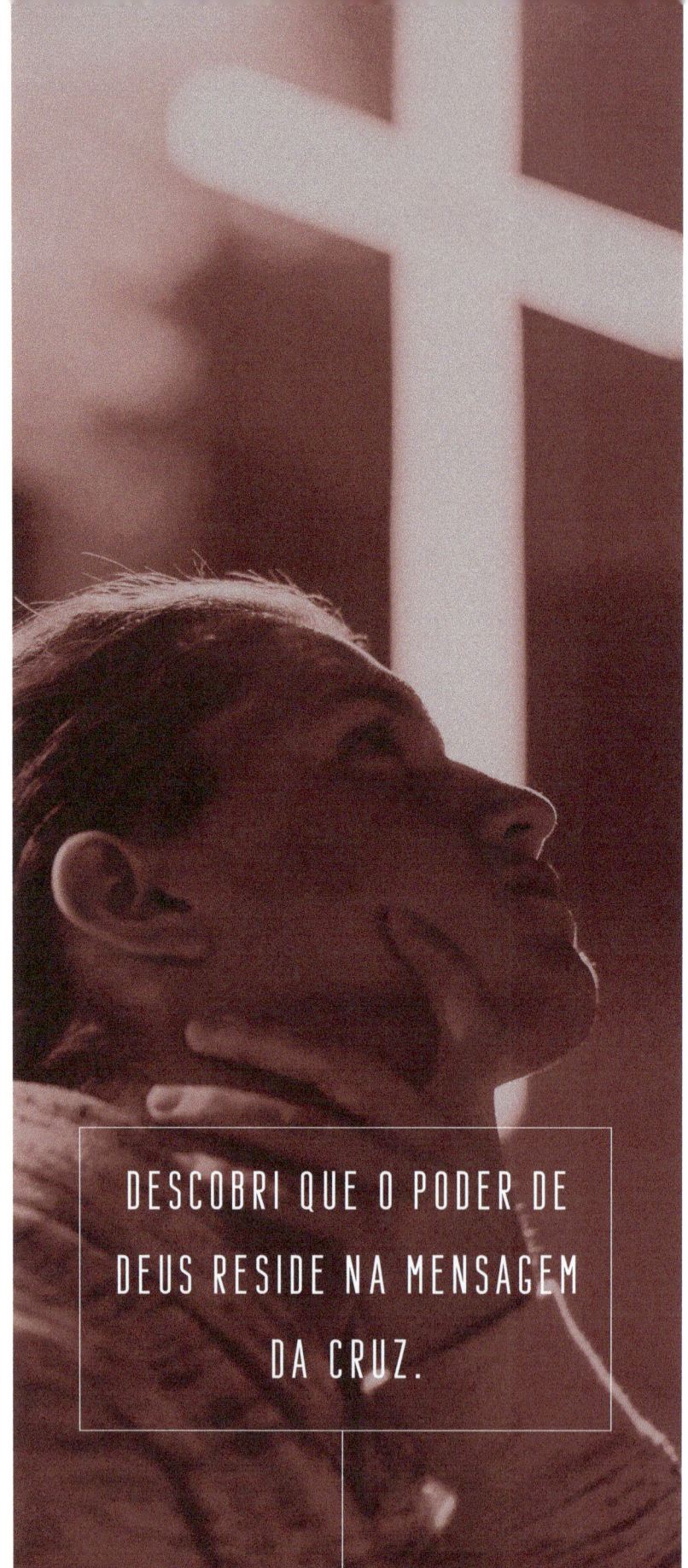

*N*ão fazia ideia do que me ia acontecer. Já era discípulo de Jesus há 18 anos e missionário em Espanha nos últimos dez. Já tinha experimentado o poder do evangelho e do Espírito Santo de diversas maneiras, mas nunca como aquilo que estava prestes a experimentar.

Em outubro de 1997 participei num culto evangelístico na América. Estava a acontecer um derramamento extraordinário do Espírito Santo numa igreja e eu queria fazer parte disso.[1] Fui numa noite de quarta-feira e sentei-me. Steve Hill, o evangelista, tomou o seu lugar no púlpito, abriu a sua Bíblia em Romanos 2 e começou a ler:

> "Ou desprezas tu as riquezas da sua benignidade, e paciência, e longanimidade, ignorando que a benignidade de Deus te leva ao arrependimento? Mas, segundo a tua dureza e teu coração impenitente, entesouras ira para ti no dia da ira e da manifestação do juízo de Deus." [2]

A seguir ele explicou que, quanto mais pecamos, mais a ira de Deus se vai acumulando, tal como a água se acumula numa represa. No Dia do Julgamento, a represa vai rebentar e a ira de Deus vai nos arrastar!

---

1 O avivamento de Brownsville em Pensacola, na Florida (EUA) ocorreu entre 1996 e 2001.
2 Romanos 2:4,5

Lembro-me perfeitamente de sentir uma convicção profunda do Espírito Santo no meu coração. Ele estava a salientar uma imensidão de pecados que ainda ali estavam guardados. O meu coração acelerou e o temor de Deus apoderou-se de mim. Comecei a ter nojo do meu pecado. Senti necessidade de correr para o altar e de me arrepender, mas não podia fazer isso porque o Steve estava apenas no início da pregação.

Então ele começou a proclamar a bondade e paciência de Deus para connosco. "Oh, o amor de Deus que enviou Jesus para tirar os nossos pecados! Olha para Ele naquela cruz, recebendo a ira de Deus no teu lugar para que tu possas ser perdoado!" Senti um peso no meu coração. O poder de Deus naquele lugar era palpável. O meu coração clamava: "Preciso de me arrepender, preciso de me arrepender!"

Finalmente, foi feito o apelo para nos acertarmos com Deus, e a música incentivava-nos a corrermos para o lugar da misericórdia. Prostrado no altar, chorei. Senti que o Espírito Santo estava a fazer uma obra profunda em mim. Naquela noite eu vi e experimentei o poder de Deus como nunca tinha sentido antes na minha vida.

De uma coisa eu tinha a certeza: a minha vida e o meu ministério nunca mais seriam os mesmos. Eu tinha experimentado o poder do evangelho. Fiquei perfeitamente ciente que o meu ministério, até àquele momento, tinha sido centrado no entretenimento e não na cruz.

A partir daquela noite de outubro, tenho sido consumido por um desejo de viver em santidade e pregar um evangelho centrado na cruz.

Descobri que o poder de Deus está na mensagem da Cruz.

O que se segue é o modo como essa descoberta revolucionou o meu modo de pregar o evangelho.

INTRODUÇÃO

"Porque não me envergonho do evangelho de Cristo, pois é o poder de Deus para salvação de todo aquele que crê." (Romanos 1:16)

Um dia destes um pastor contactou-me a pedir-me para organizar *workshops* de evangelismo. "O evangelismo que temos feito não parece dar resultado," disse ele. "Esperamos que o vosso método de pregar ao ar livre seja o que pode vir a funcionar também connosco."

Muitos cristãos estão desesperados por encontrar algo que resulte, algo que possam fazer para salvar pessoas e acrescentar membros às suas igrejas. As suas experiências evangelísticas têm-nos deixado frustrados.

Em primeiro lugar, há uma coisa que precisas saber. A tua eficácia no evangelismo está dependente do poder da mensagem e não das tuas grandes capacidades de comunicação ou das tuas metodologias criativas.

É a mensagem do evangelho que é o poder de Deus para a salvação.

"Porque não me envergonho do evangelho de Cristo, pois é o poder de Deus para salvação de todo aquele que crê." (Romanos 1:16)

O teu primeiro passo na direção do evangelismo poderoso é perceber com clareza a mensagem do evangelho.

Então, vamos começar.

QUAL É A MENSAGEM DO EVANGELHO?

A mensagem do evangelho tem quatro partes essenciais. Chamamos-lhes as quatro colunas.

Pensa nisto como se fosse uma cadeira com quatro pernas. Cada uma é necessária para que a cadeira funcione corretamente. Se removermos uma perna, a cadeira vai cair.

Um edifício tem quatro colunas principais que o sustentam. Se removermos apenas uma delas todo o edifício vai ruir.

É o mesmo com as quatro partes da mensagem do evangelho. Remover, mesmo que apenas uma das colunas da mensagem, vai torná-la instável e incompleta. Apesar de cada uma das colunas ser poderosa, todas as quatro colunas são essenciais para a apresentação da mensagem completa do evangelho em todo o seu poder.

QUAIS SÃO AS QUATRO COLUNAS DA MENSAGEM DO EVANGELHO?

1. **Lei**. A Lei perfeita de Deus revela o teu **Problema** com o pecado.
2. **Eternidade**. O foco na Eternidade mostra a **Consequência** terrível do teu pecado.
3. A **Cruz**. O sacrifício de Jesus na Cruz oferece-te a **Solução** para o teu problema.
4. **Arrependimento** e **Fé**. O Arrependimento e a Fé são requisitos para a tua Resposta à mensagem e para a salvação.

Os capítulos seguintes explicarão cada coluna e como todas as quatro colunas trabalham em conjunto de uma forma poderosa para levar as pessoas à salvação.

CAPÍTULO UM
O Problema

PROBLEMA

LEI

O Problema

Tinha 17 anos quando tirei a carta de condução. Comprei um Ford Mustang de 1974. (Bom, quem o comprou foi a minha mãe e eu paguei-lhe em prestações mensais.) Um dia, a viajar na Estrada 64, ultrapassei um carro numa zona de traço contínuo e dei por mim a ir de encontro a um veículo que vinha na minha direção. Para evitar a colisão com o carro que vinha de frente (que era da polícia), virei para a valeta à minha esquerda. O carro patrulha encostou, com as luzes rotativas acesas, e o polícia teve que descer à valeta para chegar ao meu carro. Humildemente, baixei o vidro quando ele me pediu os documentos. Eu infringi a lei e sabia, imediatamente, que estava metido num grande problema.

Todos nós temos um grande problema. Infringimos a Lei de Deus.

COLUNA UM
A LEI

O QUE É A LEI?

Apesar da lei cerimonial do Antigo Testamento já não se aplicar a nós como cristãos (e é por isso que podemos comer bacon), a lei moral de Deus, os Dez Mandamentos, ainda está em vigor.[3]

O PROPÓSITO DA LEI

A Lei revela o nosso problema com o pecado.

> "Pela lei vem o conhecimento do pecado."[4]

---

3 Mateus 19:17
4 Romanos 3:20

Os Dez Mandamentos são como um espelho para a tua alma. Quando olhas para a Lei perfeita de Deus, ela reflete o que está no teu coração: a tua rebeldia, a tua perversidade, a tua idolatria e o teu orgulho.

Os Dez Mandamentos apresentam, de uma forma clara, as diretrizes de Deus:

1. Não terás outros deuses diante de mim.
2. Não farás para ti imagem de escultura.
3. Não tomarás o nome do SENHOR, teu Deus, em vão.
4. Lembra-te do dia do sábado, para o santificar.
5. Honra a teu pai e a tua mãe.
6. Não matarás.
7. Não adulterarás.
8. Não furtarás.
9. Não dirás falso testemunho contra o teu próximo.
10. Não cobiçarás.

Quando olhas para os Mandamentos de Deus e depois olhas para o teu coração, a tua consciência expõe a tua culpa.

A Lei produz convicção do pecado.

A Lei está escrita em todos os corações. Isso faz dela um aliado poderoso.

> "Os quais mostram a obra da lei escrita no seu coração, testificando juntamente a sua consciência e os seus pensamentos, quer acusando-os, quer defendendo-os."[5]

Por isso, até quando falamos com pessoas de outras religiões ou sem religião nenhuma, sabemos que a Lei está escrita nos seus corações. Assim, quando apontas ao coração e falas sobre a Lei moral de Deus, o Espírito Santo acorda as suas consciências.

---

5 Romanos 2:15

Jesus também prometeu que, quando o Espírito Santo viesse, Ele iria convencer as pessoas do pecado, da justiça e do juízo.[6]

Esta é a descrição da função do Espírito Santo para com os descrentes. Não nos compete convencer as pessoas do pecado; esse é o trabalho Dele. Mas, ao falarmos sobre o que o pecado implica, estamos a convidar o Espírito Santo a fazer o Seu trabalho poderoso nos seus corações e produzir a convicção do pecado que os conduzirá ao Salvador.

A Lei conduz-nos a Cristo.

"De maneira que a lei nos serviu de aio, para nos conduzir a Cristo, para que, pela fé, fôssemos justificados."[7]

A Lei recebeu a autoridade para, como nossa guardiã, mestre, tutora ou ensinadora, nos conduzir a Cristo. O Espírito Santo trabalha, em conjunto com a Lei de Deus, para revelar o nosso pecado, destruir toda a esperança que temos em nós mesmos como boas pessoas, e levar-nos ao Salvador, Jesus Cristo, o único que nos pode livrar do nosso pecado.

Ao ter um entendimento claro do propósito da Lei, podes perceber como ela é uma ferramenta poderosa no evangelismo. Como a Lei foi escrita no teu coração, ela tem o poder de te mostrar o teu pecado e conduzir-te a Jesus.

Na próxima secção eu irei pôr a Lei em ação. O que se vai destacar é que nós temos um problema muito grave. À medida que for avançando, vais descobrir sete doenças mortais. Toma atenção às muitas ilustrações que vão ser usadas porque te vão ser úteis quando evangelizares. E também deves estar preparado para o Espírito Santo te revelar os sintomas destas doenças mortais. Estás prestes a ter um encontro mais profundo com Deus ao veres o poder da Sua Lei.

---

6 João 16:8
7 Gálatas 3:24

1. A LEI REVELA QUE ÉS PECADOR
Um Livro no Céu

O Livro do Apocalipse fala acerca de homens e mulheres diante de Deus no Dia do Julgamento quando os livros forem abertos e todos forem julgados de acordo com o que tiverem feito, de bom e de mau.[8]

Isso significa que o livro da tua vida regista cada ocasião em que transgrediste os mandamentos de Deus por:

Pensamentos	Palavras	Ações
• Inveja	• Mentiras	• Roubo
• Ódio	• Criticismo	• Raiva
• Cobiça	• Queixume	• Assassinato
• Desejos sensuais	• Bisbilhotice	• Adultério
• Coração crítico	• Blasfémia	• Imoralidade sexual

O problema é que o livro da tua vida está repleto de pecados de capa a capa. Todos errámos o alvo e ficámos aquém do padrão justo de Deus.[9] Então, no Dia do Julgamento, o que é que vai acontecer? Como é que vais remover os pecados? Como é que podes ter esperança de entrar no céu?

"O salário do pecado é a morte."[10] Morte eterna.

Isto é uma má notícia!

---

8 Apocalipse 20:12
9 Romanos 3:23
10 Romanos 6:23

2. A LEI REVELA QUE ÉS CULPADO

Inocente ou Culpado?

Vamos supor que transgrediste os mandamentos de Deus apenas umas 10 vezes por dia: os brinquedos que, quando eras pequenino, tiraste à tua irmã, revelando o teu egoísmo; as mentiras que, em adolescente, disseste aos teus pais; a falta de perdão que preencheu o teu coração durante anos; o teu espírito rebelde; os olhares sensuais; ou o sexo antes do casamento.

Quando estiveres diante do Juiz de toda a terra e a tua vida estiver exposta diante Dele, serás inocente ou culpado de ter desobedecido aos Seus mandamentos?

Dez pecados por dia durante 70 anos de vida serão 255.500 ofensas contra Deus, cada uma a somar-se à pilha de multas que terás de pagar no Dia do Julgamento.

Podes comparar-te com os outros à vontade. O problema é que só vais ter que prestar contas pelos teus próprios pecados.

O que vais fazer nesse dia, quando tudo o que fizeste em segredo vier à luz[11] e o martelo do juiz soar? Culpado! Nenhum advogado. Ninguém para te defender. Nenhuma maneira de alterar o veredicto.

Tens de te lembrar que Deus não é mau. Tu é que és. Deus só executa a justiça como um bom juiz o faz. Eu fui multado em 100 dólares por fazer uma ultrapassagem numa zona proibida, não porque o juiz foi mau, mas porque eu fui um transgressor.

"Não faria justiça o Juiz de toda a terra?"[12] Deus fará justiça.

Tu não pecaste apenas 10 vezes por dia. O problema é que transgrediste a Lei de Deus tantas vezes que perdeste a conta e és culpado.

Isto é uma má notícia!

---

11 Lucas 8:17
12 Génesis 18:25

3. A LEI REVELA QUE ESTÁS MORTO
Os Mortos Vivos

Adão e a sua mulher viveram num paraíso chamado Jardim do Éden. Eles conversavam e tinham comunhão com o próprio Deus. Eles trabalhavam sem suar. Cultivavam sem ervas daninhas. Só tinham de obedecer a uma regra de Deus: não comer da árvore do conhecimento do bem e do mal.

Deus avisou-os de que, se eles comessem do fruto proibido, certamente morreriam. Mas eles comeram e perceberam imediatamente que alguma coisa *tinha* morrido.

A sua inocência morreu e a vergonha encheu as suas vidas. O seu relacionamento especial com Deus morreu. Eles foram expulsos do jardim e deixaram de poder caminhar com Deus no fresco da noite. Morreu a esperança de alcançar a árvore da vida que estava no jardim, perdendo assim a esperança de viver para sempre. O pecado deu início ao trabalho irreversível da morte nos seus corpos físicos e Adão e Eva acabaram por morrer.

Espiritualmente eles foram desligados do seu suporte de vida com Deus. Esta morte espiritual também é vista quando as Escrituras dizem que *não há ninguém que entenda*. Por que é que não entendem? Porque o seu entendimento espiritual está morto. *Não há ninguém que busque a Deus*. Por que é que não O buscam? Não conseguem, porque estão mortos. *Não há quem faça o bem, não há nem um só*. Porquê? Porque os mortos não conseguem fazer o bem.[13]

Nós somos os mortos vivos. Tal como um cadáver exala mau cheiro, assim acontece com os espiritualmente mortos. As nossas vidas tresandam a:

- Orgulho e arrogância
- Ódio
- Rebelião contra Deus
- Atitudes críticas
- Engano e desonestidade
- Ingratidão

"Estando vós mortos em ofensas e pecados."[14]

O problema é que os mortos não se conseguem ressuscitar. Nem fisicamente nem espiritualmente.

Isto é uma má notícia!

---
13 Romanos 3:10-12
14 Efésios 2:1

4. A LEI REVELA QUE ÉS ESCRAVO
Promessas, Promessas

Quando eu era pequenino, o meu pai debatia-se com o problema do alcoolismo. Chegava a casa, embriagado, e dizia à família: "Eu prometo que nunca mais volto a beber." Era uma promessa que ele não conseguia cumprir. A bebida era mais forte do que ele e acabou por levar os meus pais ao divórcio. Anos mais tarde, quando eu frequentava o Instituto Bíblico, o meu pai telefonou-me. Ele tinha passado por uma depressão e teve pensamentos suicidas. Desesperado, pediu para falar com um pastor. Sentado no escritório do pastor, o meu pai teve um encontro poderoso com Jesus e nasceu de novo. Pouco tempo depois, sentado no sofá da sua sala de estar, ele clamou a Deus: "Tiveste poder para salvar a minha alma, agora preciso do teu poder para me libertar do álcool." Durante aquele telefonema o meu pai contou-me como o Espírito de Deus veio sobre aquela sala de estar e, num abrir e fechar de olhos, ele foi completamente liberto do alcoolismo. Nunca mais voltou a beber em toda a sua vida.

Muitos de nós também fazemos promessas que não conseguimos cumprir.

- Queres deixar de reviver os abusos que sofreste em criança, mas estás escravizado pela amargura e pela falta de perdão.
- Prometes parar de ver pornografia, mas és escravo da luxúria.
- Queres tratar melhor a tua família, mas não consegues parar de gritar com eles porque és escravo da ira.

Estás sempre a prometer mudar, mas não consegues. Estás acorrentado a algo que é mais poderoso do que tu.

"Todo aquele que comete pecado é servo do pecado."[15]

O problema é que a tua natureza pecaminosa faz exigências e tu nem resistes. O diabo tenta-te e tu cedes. O mundo acena-te e tu segues. És escravo e não tens forma de te libertares.

Isto é uma má notícia!

---
15 João 8:34

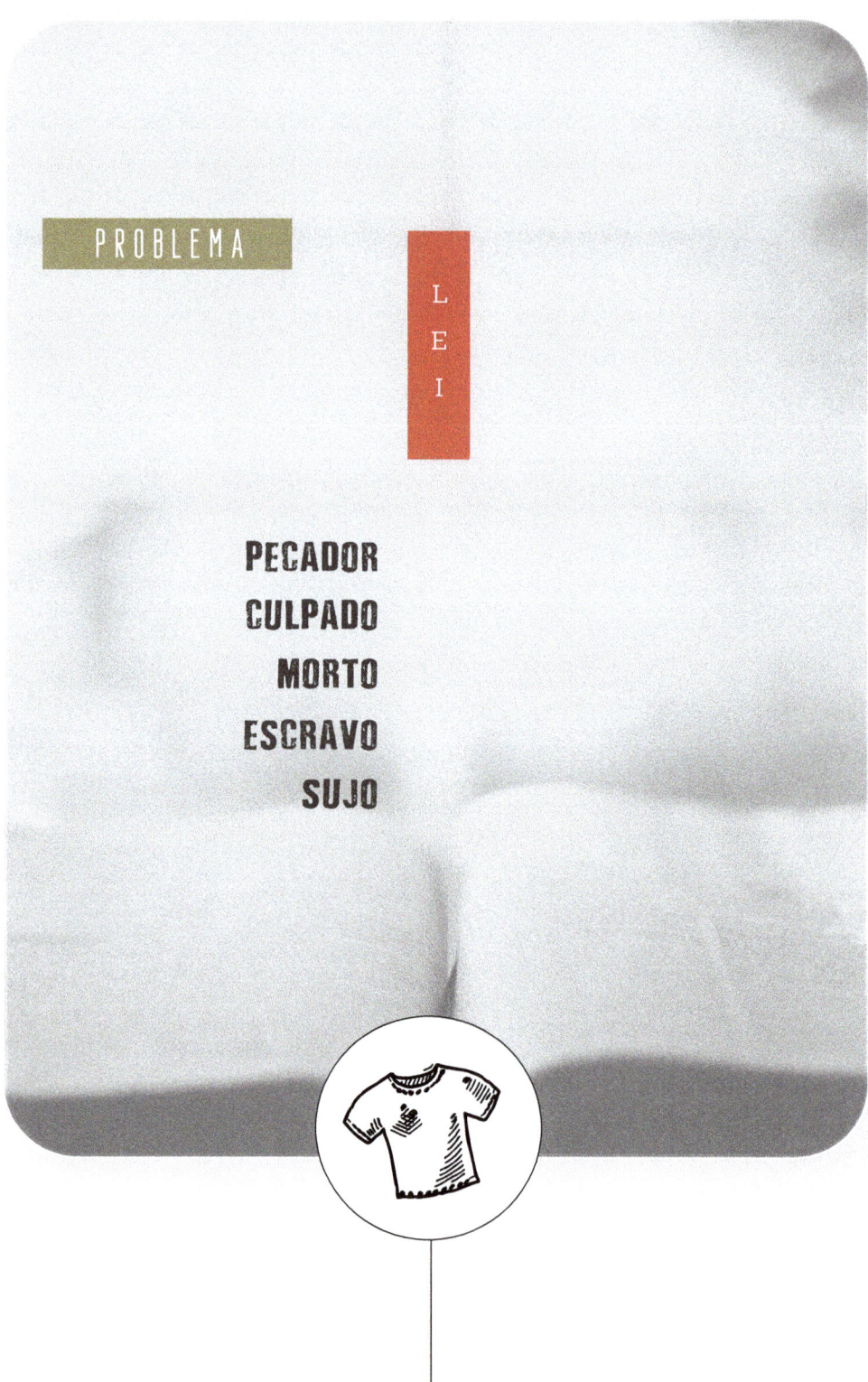

5. A LEI REVELA QUE ESTÁS SUJO
Uma Nódoa na Tua Vida

Ouves o lamento na voz das pessoas quando confessam o seu arrependimento pelas coisas que fizeram na vida. Elas têm uma nódoa no seu carácter. Elas sentem-se sujas. Se ao menos pudessem ter uma nova oportunidade.

Por exemplo, tens de ter sempre razão. Tens de ter sempre a última palavra. O teu espírito orgulhoso nem sequer coloca a hipótese de pedir perdão. Então, a tua consciência acusa-te de estares sujo.

Tens pena da doença sexualmente transmissível que apanhaste por causa dos teus inúmeros parceiros sexuais com que te envolves para satisfazer, sem sucesso, o demónio da luxúria. Estás sujo.

Isto são nódoas na tua vida, na tua consciência e na tua reputação.

Se fizeres algumas boas ações, será que podes compensar pelas más ações que tens feito? Será que Deus vai ter isso em conta? Apesar disso, os teus atos de justiça são como trapos imundos diante de Deus,[16] contaminados pelo teu orgulho e pela tua presunção.

> O problema é que tens inúmeras nódoas de pecado na tua vida que não consegues remover, e isso torna-te sujo diante de um Deus santo.

Isto é uma má notícia!

---

16 Isaías 64:6

6. A LEI REVELA QUE ÉS INIMIGO DE DEUS
A Minha Vontade, Não a Tua

Quando Adão e Eva desobedeceram a Deus ao comer da árvore, foi como se tivessem dito: "Eu sei o que disseste, Deus, mas eu vou agir à minha maneira! Faça-se a minha vontade e não a tua!"

Consequentemente, eles foram banidos da presença de Deus e foi-lhes negado o acesso à árvore da vida.

Quando escolhes o teu caminho em vez do caminho de Deus, Ele declara que és Seu inimigo. Esta palavra é MUITO forte na Bíblia.

- É a mesma palavra usada para o diabo quando a Bíblia fala de um inimigo que semeia joio no meio do trigo.[17]
- É o tipo de inimigo referido em Colossenses: "A vós também, que noutro tempo éreis estranhos e inimigos no entendimento pelas vossas obras más."[18]
- Também é explicado em Tiago, "Não sabeis vós que a amizade do mundo é inimizade contra Deus? Portanto, qualquer que quiser ser amigo do mundo constitui-se inimigo de Deus."[19]

---

[17] Mateus 13:39
[18] Colossenses 1:21
[19] Tiago 4:4

Por que é que nós somos inimigos de Deus? A resposta mais simples é: porque nos rebelámos contra os Seus mandamentos e lhes desobedecemos.

- "Ama a Deus de todo o teu coração." Mas nós amamo-nos a nós próprios de todo o nosso coração.

- "Não mintas." Mas nós mentimos a toda a hora.

- "Vive em pureza." Mas nós vivemos em imoralidade sexual.

- "Não cobices." Mas nós estamos cheios de ganância e amor pelo dinheiro.

- "Faz a Minha vontade." Não! Nós vamos fazer a nossa vontade!

Imagina um reino governado por um rei bondoso que decreta leis morais e se preocupa com o seu reino. Porém, os seus súbditos desrespeitam tudo o que ele diz e vivem como lhes apetece, como se o rei não existisse. Eles seriam considerados rebeldes e inimigos.

C.S. Lewis escreveu, "O homem caído não é apenas uma criatura imperfeita que precisa de melhorar; é um rebelde que precisa de baixar as armas."[20]

Jesus contou uma história sobre um rei que entregou aos seus servos três meses de salário para que pudessem investir esse dinheiro e pô-lo a render. Mas os seus súbditos odiavam-no e mandaram uma delegação atrás dele para dizer: "Não queremos que este reine sobre nós."[21] A resposta do rei foi arrepiante.

---

20 Mere Christianity, Cap. 4, p. 59
21 Lucas 19:14

CAPÍTULO UM: O PROBLEMA

"E, quanto àqueles meus inimigos que não quiseram que eu reinasse sobre eles, trazei-os aqui e matai-os diante de mim."[22]

O problema é que, um dia, vais estar diante de Deus como Seu inimigo. O que vais fazer nesse dia?

Isto é uma má notícia!

---

22 Lucas 19:27

7. A LEI REVELA QUE ESTÁS DEBAIXO DA SUA IRA
É uma Coisa Terrível

Não sei o que esperas que Deus faça quando estiveres diante Dele como pecador, cheio de culpa, espiritualmente morto, escravo do teu pecado, sujo e como Seu inimigo.

Talvez esperes que Ele tenha misericórdia? Mas será tarde demais. Um dia, o pai de família vai levantar-se e fechar a porta e tu vais ficar do lado de fora implorando para entrar.[23]

Em vez de encontrares aberta a porta da casa de Deus, vais ouvir o veredicto: "Apartai-vos de mim, vós que praticais a iniquidade."[24]

Como é que podes acusar Deus de ser mau quando as Escrituras dizem que é por causa da *tua* dureza e do teu coração impenitente que entesouras ira para ti no dia da ira e da manifestação do juízo de Deus?[25]

Por que é que merecemos a Sua ira?

Deus é santo e justo, e Ele vai destruir todos os que vivem em rebelião contra Ele. Este é um aviso muito sério para as pessoas que vivem nestes tipos de pecado:

- Imoralidade
- Impureza
- Paixão
- Maus desejos
- Ganância
- Raiva
- Ira
- Malícia
- Vocabulário obsceno[26]

O problema é que, um dia, vais ter de pagar pelo teu próprio pecado e vais ter de beber o cálice da ira de Deus. Nesse dia, onde é que te vais esconder? Vais dizer aos montes e aos rochedos: "Caí sobre nós e escondei-nos do rosto daquele que está assentado sobre o trono e da ira do Cordeiro!"?[27]

Será horrível cair nas mãos do Deus vivo.[28]

Isto é uma má notícia!

---

23 Lucas 11:25
24 Mateus 7:23
25 Romanos 2:5
26 Colossenses 3:8-9
27 Apocalipse 6:16
28 Hebreus 10:31

RECAPITULAÇÃO

Vamos recapitular a primeira coluna da mensagem do evangelho.

1. Tens um problema grave, que é o pecado.

2. A Lei de Deus, os Dez Mandamentos, revela o teu pecado, produz a convicção do pecado, e mostra a necessidade que tens de uma solução.

3. A má notícia é que tu és pecador, culpado, espiritualmente morto, escravo do pecado, sujo, inimigo de Deus e estás debaixo da Sua ira.

CONSIDERAÇÕES FINAIS

Tendo lido até aqui, provavelmente já reparaste no efeito poderoso da Lei na tua vida. É muito provável que o Espírito Santo te tenha convencido de pecados específicos a que tens dado guarida no teu coração. Aproveita esta oportunidade para te arrependeres e ires a Jesus para seres perdoado.

De igual forma, quando usares os mandamentos no evangelismo, o Espírito Santo vai convencer os outros do seu pecado. Ele vai revelar, através dos mandamentos, que o pecado é excessivamente maligno.[29]

Ao dares exemplos práticos de como transgredimos a Lei de Deus, mantém-te atento à convicção de pecado por parte das pessoas que te ouvem. Pode manifestar-se de uma destas formas:

- Evitam olhar-te nos olhos.
- Ficam preocupadas.
- Começam a chorar.
- Inclinam a cabeça, envergonhadas.
- Deixam de justificar o seu pecado. Quando a Lei faz o seu trabalho, o seu propósito é "que toda boca esteja fechada e todo o mundo seja condenável diante de Deus."[30]

---

29 Romanos 7:13
30 Romanos 3:19

CAPÍTULO UM: O PROBLEMA 35

- Confessam o seu pecado. Isto significa concordar com Deus, reconhecendo que Ele está certo e elas estão erradas.

Não te apresses ao usar esta ferramenta poderosa. John Wesley, o fundador da igreja Metodista, recomendou aos seus pregadores que pregassem a Lei até que conseguissem perceber a convicção nos seus ouvintes. Muitos choravam angustiados. Era nessa ocasião que ele lhes apresentava a solução para o seu problema.[31]

Não abafes o evangelho. Quando se toca piano, é possível recorrer a um "pedal abafador" que abafa, amortece ou reduz o som. Tu suavizas o evangelho quando não partilhas a Lei com as pessoas ou te apressas a apresentar esta informação essencial. É frequente nós querermos proteger as pessoas para que não se sintam mal ou culpadas, mas a convicção do pecado é um belíssimo presente de Deus para preparar as pessoas para o arrependimento que, por sua vez, conduz à salvação. Não as prives desta experiência profunda com Deus. Quanto melhor as pessoas virem a profundidade do seu pecado, melhor irão ver a grandeza do sacrifício de Jesus, e vão amar mais o Salvador. Aquele a quem muito é perdoado, muito ama.[32]

Não diluas o evangelho. Diluir significa que uma coisa fica mais frágil porque a modificamos ou porque lhe acrescentamos outros elementos. Na Suécia existe um concentrado de fruta chamado SAFT. Dilui-se quando se misturam 4 copos de água com 1 copo de concentrado. Não fazia ideia deste processo quando visitei a Suécia pela primeira vez. Um dia servime de um copo de concentrado e bebi-o. "Uau! Isto é poderoso!", pensei eu. "Como é que eles conseguem beber isto?" Quando partilhamos o evangelho, as pessoas precisam de o ouvir na forma concentrada, em toda a sua força, sem o diluir, para que possam vir a dizer: "Uau! Isto é poderoso!"

Não embotes a espada. Uma espada só é útil se estiver afiada. Quando evitas falar do pecado, estás a embotar a espada. A Lei corta as desculpas

---

31 The Works of John Wesley, Volume 11, pp. 486-7
32 Lucas 7:47

dos ouvintes e as suas justificações, acordando as suas consciências e preparando-as para a solução do problema do seu pecado.[33]

Onde é que reside o poder da Lei?

Permite que o efeito total da Lei faça o seu trabalho. Nisto reside o seu poder.

Quando usas a Lei no evangelismo:

1. Estás a fazer pontaria ao coração, onde Deus escreveu a Sua lei e a consciência do pecador será despertada.[34]

2. O Espírito Santo vai convencer do pecado e vai elevar o padrão divino de justiça.[35]

3. Deus vai mostrar ao pecador a sua grande necessidade e prepará-lo para buscar a solução para o seu pecado.[36]

Quando o efeito completo da Lei for alcançado, o pecador deverá perguntar: "O que é necessário fazer para ser salvo?!"

> As más notícias têm de ser compreendidas antes das boas notícias serem desejadas.

Antes de uma pessoa se dispor a ser submetida a uma cirurgia, à radiação ou à quimioterapia, ela tem de ter a consciência da má notícia que é ter um cancro. Um exame, uma consulta com o oncologista e as notícias assustadoras levarão o doente a perguntar: "O que é que eu preciso fazer para me ver livre do cancro e ficar bom? Que solução é que me propõe?" E o mesmo vai acontecer quando conduzires uma pessoa através da Lei. Ela vai ver as más notícias do seu pecado e vai procurar uma solução.

---

33 Hebreus 4:12
34 Romanos 2:15
35 João 16:8
36 Gálatas 3:24

TESTEMUNHO

David estava na sua barbearia a acompanhar pela TV as notícias de uma inundação. Giovani, um cliente, da comunidade homossexual, entrou e disse que parecia o fim do mundo. Aproveitando a oportunidade, David perguntou-lhe para onde ele iria se realmente fosse o fim do mundo. Será que ele tinha sido suficientemente bom para ir para o céu? Ele tinha obedecido aos mandamentos de Deus? Quando Giovani começou a ver a sua vida refletida nos Dez Mandamentos, reconheceu que era culpado de mentir, de roubar, de imoralidade sexual e de cobiçar o que não lhe pertencia. A convicção do pecado cresceu tão intensamente nele que abraçou o David e a seguir ajoelhou-se clamando: "O que é que eu posso fazer?" Giovani implorou a Jesus por perdão e por um coração limpo. David encorajou-o a deixar para trás a sua velha vida, começar a encontrar-se com outros crentes e contar aos outros o que Jesus tinha feito por ele. Giovani limpou as lágrimas e saiu da barbearia com paz no seu coração e com a oportunidade de um novo começo.

CAPÍTULO DOIS

A Consequência

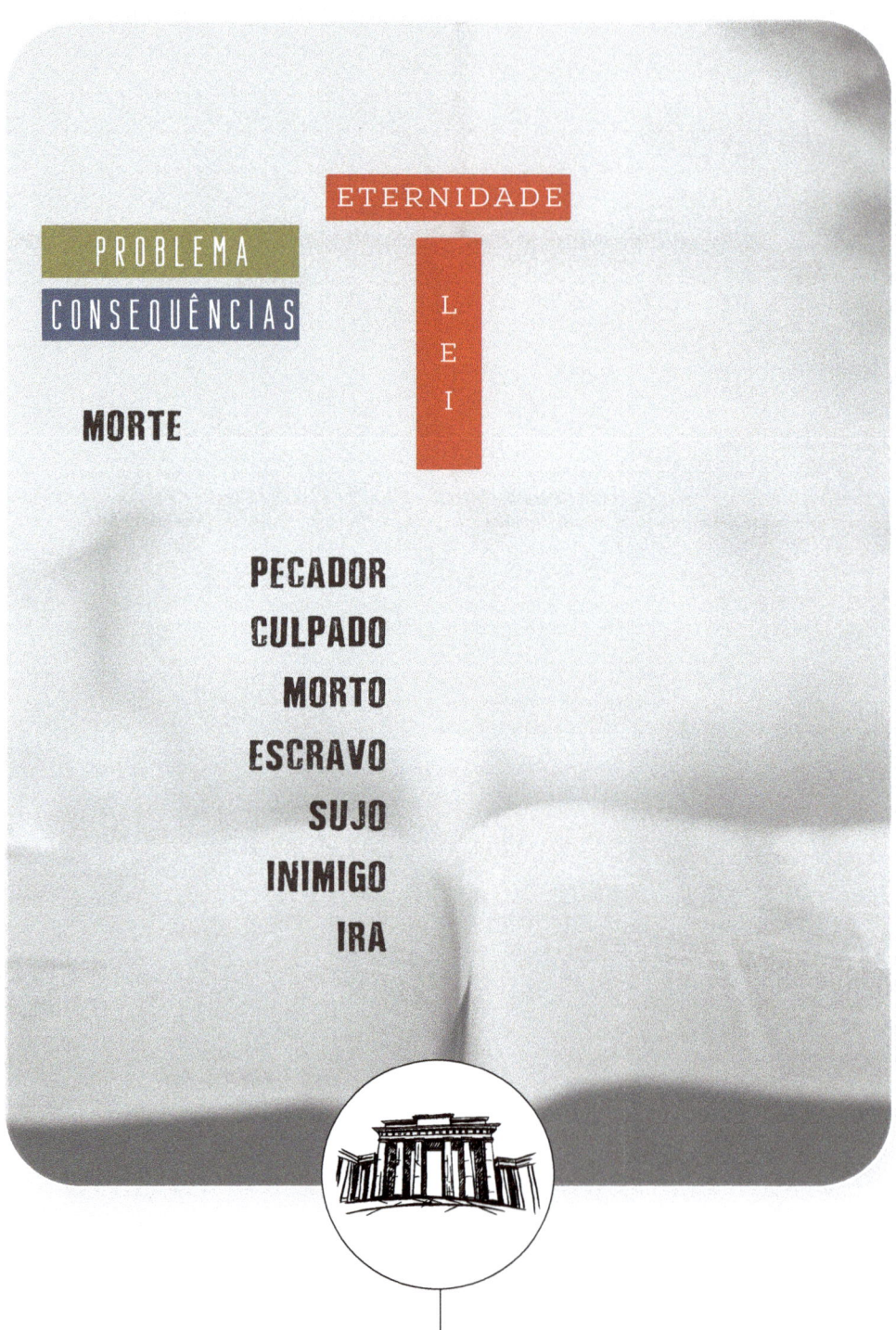

ETERNIDADE

PROBLEMA
CONSEQUÊNCIAS

L
E
I

MORTE

PECADOR
CULPADO
MORTO
ESCRAVO
SUJO
INIMIGO
IRA

CAPÍTULO DOIS: A CONSEQUÊNCIA

O Problema

Um mês depois de ter sido parado pela polícia, eu compareci diante do juiz em tribunal. À minha direita encontrava-se o agente que me tinha multado. O juiz olhou para mim e disse: "Jacob Francis Bock, no dia 15 de julho, na Estrada 64, você fez uma ultrapassagem numa zona em que essa manobra era proibida?" Eu olhei para o polícia. O que é que eu haveria de dizer? É claro que eu era culpado! "Sim, meritíssimo, eu fiz isso e lamento muito. Eu prometo que nunca mais se vai repetir." Tive esperança de que o juiz me perdoasse a multa, mas ele não o fez. Então, eu estava diante de um novo problema. Quem é que ia pagar a minha multa de 100 dólares?!

A primeira coluna deixa-te sem palavras e culpado diante de Deus. A segunda coluna vai ajudar-te a compreender que a consequência do teu pecado é a morte eterna.

Antes de chegar às boas notícias e à solução para o problema, tens de compreender as consequências do teu pecado.

Quando estava diante do juiz, a prova da minha culpa era esmagadora. A pergunta que pairava na minha mente era: "Qual vai ser a minha sentença? Quanto é que eu vou ter de pagar? Será que vou parar à prisão?"

Este é o passo final na preparação do terreno do coração do pecador e tê-lo pronto para ouvir o que o Salvador pode fazer por ele.

COLUNA DOIS
ETERNIDADE

Se morreu alguém que te é próximo, é provável que já tenhas pensado na eternidade. Em 2018, quando a minha mulher, Julie, estava a morrer de cancro, conversámos muito sobre a eternidade. Quando as pessoas lhe perguntavam como é que ela estava, ela respondia: "A minha alma está bem." Quando evangelizava, ela não escondia o facto de estar a morrer. Ela usava a sua situação para avisar as pessoas de que se tinham de preparar para o dia em que vamos estar diante de Deus.[37]

---

37 Julie Bock foi para o céu a 18 de Abril de 2018..

A Eternidade é um mistério para nós. Porém, sabemos que todas as pessoas, independentemente da sua etnia ou religião, um dia vão ter que lidar com:

1. **Morte**. Dez em cada dez pessoas que nascem vão morrer um dia.
2. **Julgamento**. Depois da morte o corpo é sepultado e a alma será julgada.
3. **Céu ou inferno**. Deus preparou dois destinos eternos diferentes.

A Eternidade está escrita em todos os corações.

"Deus pôs a eternidade no coração do homem." (Eclesiastes 3:11) (ARA)

Existem duas coisas que estão escritas em todos os corações: A Lei de Deus e a eternidade. Isso mostra a importância de serem incluídas na mensagem do evangelho.

O que é que a Bíblia diz sobre a eternidade?

1. MORTE

A Morte É Inevitável

"Aos homens está ordenado morrerem uma vez, vindo, depois disso, o juízo."[38]

A alimentação adequada e o exercício só conseguem melhorar a tua qualidade de vida, mas não te vão fazer viver para sempre. "Quem de vocês, por mais que se preocupe, pode acrescentar uma hora que seja à sua vida?"[39]

Não pensar na morte não a vai evitar. E não nos prepararmos para ela é uma tolice.[40]

---

38 Hebreus 9:27
39 Mateus 6:27 (NVI)
40 Lucas 12:20

A Morte É um Inimigo

A Bíblia identifica a morte como o último inimigo a ser vencido.[41] Jesus conquistou pessoalmente a morte na Sua ressurreição. E, aos Seus discípulos, Ele prometeu que não haveriam de passar pela segunda morte,[42] ou seja, o lago de fogo.

> Os cristãos também receberam a promessa da ressurreição física dos seus corpos, mas, até ao juízo final, teremos de passar pela porta da morte.

Maneiras de Falar Sobre a Morte

Quando evangelizas, precisas de introduzir o tópico da morte. Apesar de não se falar muito sobre isso, as pessoas estão curiosas por saber o que acontece depois da morte. Eis alguns exemplos de como podemos abordar este assunto.

1. "Acha que muitas pessoas ou poucas pessoas irão para o céu quando morrerem?" Esta foi uma pergunta que alguém fez a Jesus.[43] Nós também a podemos fazer. Depois da reposta, podemos dar seguimento com outra pergunta: "Acha que será uma dessas pessoas que vai para o céu quando morrer?"

2. Os dados estatísticos. "Dez em cada dez pessoas que nascem nesta cidade... um dia irão morrer." A seguir podemos perguntar: "Faz ideia se Deus o vai deixar entrar no céu quando morrer?"

3. A tua vida é como um vapor.[44] Usa ilustrações como o vapor, as nuvens e o fumo, para enfatizar a brevidade da vida. Depois fala sobre o que vem a seguir.

Depois da morte vem o julgamento.

---

41 I Coríntios 15:26
42 Apocalipse 2:11
43 Lucas 13:23
44 Tiago 4:14

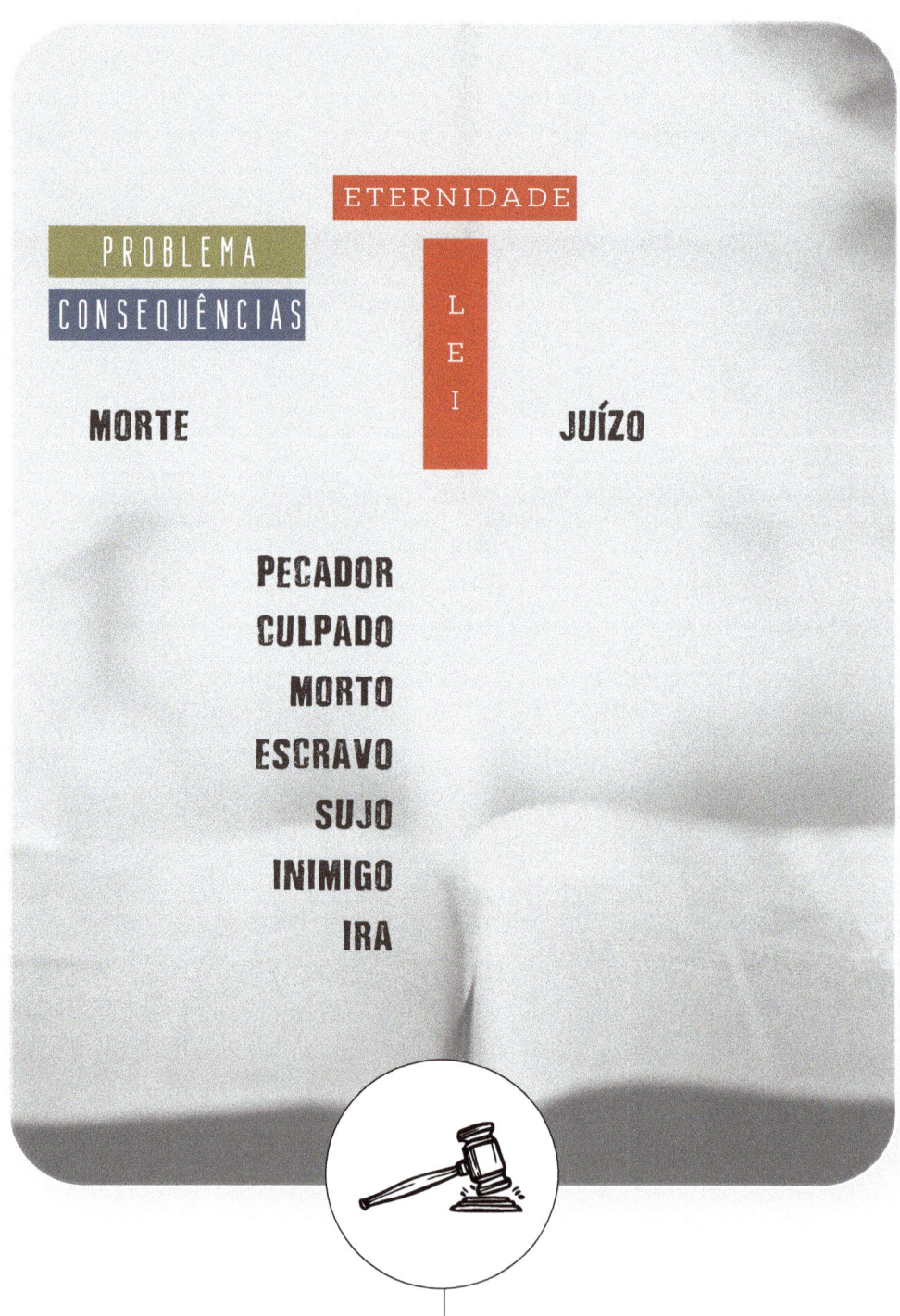

2. JULGAMENTO

Quando eu me apresentei diante do juiz por causa da minha condução perigosa, foi uma experiência muito intimidante. Ali estava eu com o juiz, o acusador (o polícia), o oficial de diligências e a minha culpa. Depois de ter prometido ao juiz que nunca mais iria repetir o meu ato, o funcionário judicial ocupou-se de registar tudo o que se passou na audiência. No dia seguinte, no jornal da cidade, estava escrito: "Jacob Francis Bock foi considerado culpado de ultrapassar numa zona proibida. Foi multado em 100 dólares e prometeu ao tribunal que nunca mais repetiria essa manobra." Não fazes ideia do que eu tive de aturar dos meus amigos no dia seguinte na escola! Foi humilhante!

Um dia estaremos diante de Deus para sermos julgados. Se morreres perdoado, não terás de pagar pelo teu pecado, mas serás julgado pelas tuas ações para te ser atribuída a recompensa.

Porém, se morreres no teu pecado, serás julgado de acordo com tudo o que estiver escrito no teu livro para que seja determinada a consequência total do teu pecado.

Porque a eternidade está escrita no teu coração, há uma sensação incómoda de que podes não conseguir escapar ao mal que fizeste. "Minha é a vingança"[45] é uma frase que vem à tua mente, e por isso temes, e com razão, pelo facto de teres de apresentar a tua vida diante de Deus.

Jesus contou várias histórias para explicar o reino de Deus a todas as classes sociais. Nestas histórias podes ver como será o julgamento e quais serão as consequências para aqueles que morrerem nos seus pecados.

1. Ao pastor, Ele fala acerca da separação entre as ovelhas e os bodes. "E, quando o Filho do Homem vier em sua glória, e todos os santos anjos, com ele, então, se assentará no trono da sua glória; e todas as nações serão reunidas diante dele, e apartará uns dos outros, como o pastor aparta dos bodes as ovelhas. E porá as ovelhas à sua direita, mas os bodes à esquerda."[46]

---

45 Romanos 12:19
46 Mateus 25:31-33

2. Ao pescador, Ele descreve os peixes a serem escolhidos e os maus a serem lançados fora. "Igualmente, o Reino dos céus é semelhante a uma rede lançada ao mar e que apanha toda a qualidade de peixes. E, estando cheia, a puxam para a praia e, assentando-se, apanham para os cestos os bons; os ruins, porém, lançam fora. Assim será na consumação dos séculos: virão os anjos e separarão os maus dentre os justos. E lançá-los-ão na fornalha de fogo; ali, haverá pranto e ranger de dentes."[47]

3. Ao agricultor, Ele compara o trigo e o joio. "Deixai crescer ambos [o trigo e o joio] juntos até à ceifa; e, por ocasião da ceifa, direi aos ceifeiros: colhei primeiro o joio e atai-o em molhos para o queimar; mas o trigo, ajuntai-o no meu celeiro."[48]

4. Ao convidado de um casamento que chegou sem estar preparado, Ele explica as medidas drásticas que são tomadas. "E o rei, entrando para ver os convidados, viu ali um homem que não estava trajado com veste nupcial. E disse-lhe: Amigo, como entraste aqui, não tendo veste nupcial? E ele emudeceu. Disse, então, o rei aos servos: Amarrai-o de pés e mãos, levai-o e lançai-o nas trevas exteriores; ali, haverá pranto e ranger de dentes."[49]

A ideia essencial do julgamento é que vai haver uma separação de pessoas. Algumas têm entrada no céu, as outras serão lançadas no inferno. É verdade que tenho de confessar uma coisa. Ao escrever a frase anterior a respeito do inferno, senti-me tentado a suavizá-la dizendo: "Algumas têm entrada no céu, as *outras não*." Palavras como inferno, lago de fogo, e tormento eterno parecem muito duras e chocantes. A verdade é que o inferno é um lugar duro e chocante. Se tentares imaginar como será o inferno, tens de perceber que será um lugar provavelmente muito pior do que consegues imaginar. Jesus não teve vergonha de usar essas palavras e, por isso, tu também não deves ter, deves é usá-las com um coração de amor.

---

47 Mateus 13:47-50
48 Mateus 13:30
49 Mateus 22:11-13

A Importância do <u>Teu</u> Livro

Sabemos que um dia os livros se vão abrir.[50] O assunto principal do Dia do Julgamento tem a ver com o teu livro e com o que nele está escrito. A tua vida vai ser julgada de acordo com a Lei de Deus. Qualquer pecado que seja encontrado no teu livro vai excluir-te do céu, mesmo que seja apenas um único pecado. "Porque qualquer que guardar toda a lei e tropeçar em um só ponto tornou-se culpado de todos."[51]

Os Dois Veredictos Possíveis

Naquele dia, vais ouvir Jesus dizer uma de duas coisas:

1. "VINDE, benditos de meu Pai, possuí por herança o Reino que vos está preparado desde a fundação do mundo."[52]

Imagina estar diante de Jesus com um livro livre de pecados e ouvi-Lo chamar o teu nome: "Vem, Jacob!" Que dia maravilhoso será! As portas do céu abrem-se de par-em-par, recebes a tua coroa da vida e entras no gozo do Senhor no lugar que Ele preparou para ti!

Ou poderás ouvir:

2. "APARTAI-VOS de mim, malditos, para o fogo eterno, preparado para o diabo e seus anjos."[53]

Oh, o pavor! Coisa horrenda é cair nas mãos do Deus vivo![54]

Oh, o lamento! Se ao menos tivesses virado as costas ao teu pecado e corrido para Jesus em busca do Seu perdão, mas agora é tarde demais.

"Oh, o pranto e o ranger de dentes quando vires os outros a entrar e tu a seres lançado fora."[55]

Olha! Ali vêm os servos que vão executar a sentença emanada do trono de Deus. "Amarrai-o de pés e mãos, levai-o e lançai-o nas trevas exteriores; ali, haverá pranto e ranger de dentes."[56]

Ai daquele que ouvir as palavras "Aparta-te"!

---

50 Apocalipse 20:12,13
51 Tiago 2:10
52 Mateus 25:34
53 Mateus 25:41
54 Hebreus 10:31
55 Lucas 13:28
56 Mateus 22:13

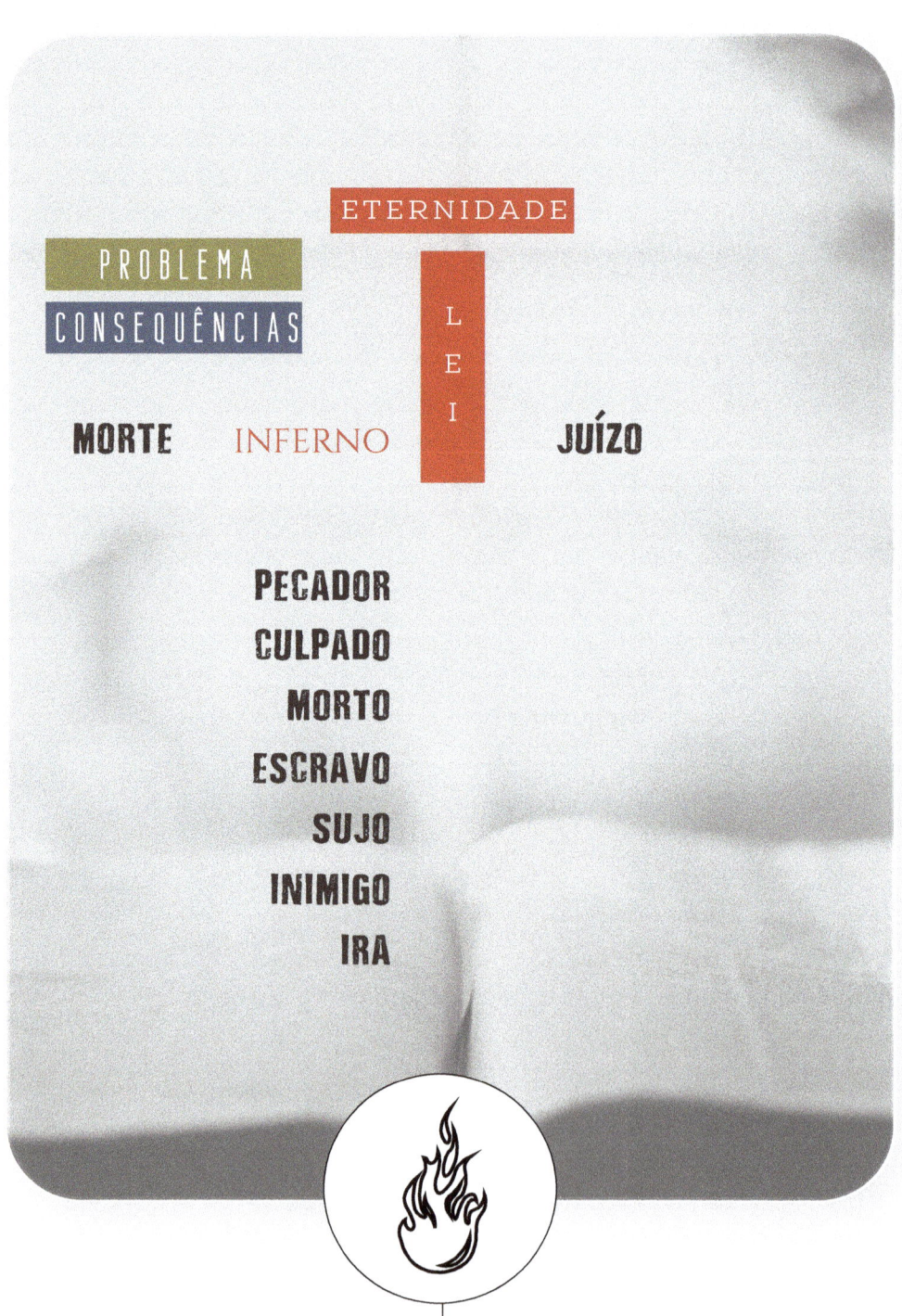

3. INFERNO

> "Porque larga é a porta, e espaçoso, o caminho que conduz à perdição, e muitos são os que entram por ela."[57]

Infelizmente, muitas pessoas morrem nos seus pecados porque preferem a sua vida, o seu pecado, a sua religião, ou a sua reputação, em vez do arrependimento e da submissão a Cristo.

A maioria do que sabemos sobre o inferno é o que Jesus nos disse sobre isso. O facto de Ele ter falado três vezes mais sobre este lugar de tormento do que falou sobre o céu, revela quão importante este assunto era para Ele. Já que avisar sobre o julgamento e o inferno era importante para Jesus, também o deve ser para ti, ao partilhares a mensagem do evangelho.

O Que É o Inferno?

Muitas pessoas dizem que já estamos a viver o inferno aqui na terra. E, em parte, têm razão porque experimentamos aqui na terra algumas das consequências do pecado. Há sofrimento, há lágrimas, há relacionamentos quebrados, há angústia e solidão. Mas também experimentamos um pouco do céu aqui na terra. Desfrutamos de amizade e amor; apreciamos a beleza e temos esperança no futuro. Quando temos fome podemos comer. Quando temos sede podemos beber. Mas estes são presentes de Deus que não existem no inferno.

As pessoas dizem que vão gostar muito das festas que vão fazer com os seus amigos no inferno. Mas no inferno não vão existir amigos, apenas solidão e trevas. Não vai haver divertimento no inferno, apenas sofrimento e remorso.

Então, em que é que o inferno vai ser diferente do que vivenciamos aqui na terra?

- O inferno é a ausência total de Deus e de tudo o que é bom, porque "toda boa dádiva e todo dom perfeito vêm do alto, descendo do Pai

---

[57] Mateus 7:13

das luzes."[58] Assim, porque Deus não vai estar ali, não haverá nada de bom no inferno.
- Não existe amor no inferno porque Deus é amor e Ele não está ali.[59]
- Não existe bondade no inferno porque Deus é bom e Ele não está ali.[60]
- Não existe esperança no inferno porque Deus é o Deus da esperança e Ele não está ali.[61]
- Não existe vida no inferno porque Jesus é vida e Ele não está ali.[62]
- Não existe água no inferno porque é Jesus que dá a água viva e Ele não está ali.[63]
- Não existe alimento no inferno porque Jesus é o Pão da Vida e Ele não está ali.[64]
- Só existe escuridão no inferno porque Jesus é a Luz do Mundo e Ele não está ali.[65]
- Não existe saída do inferno porque Jesus é a porta e Ele não está ali.[66]

"Eles sofrerão a pena de destruição eterna, a separação da presença do Senhor e da majestade do seu poder."[67]

O inferno é simplesmente horrível. Ninguém gosta de pensar sobre isso. Ninguém gosta de pregar sobre isso. Ninguém consegue perceber quão miserável aquele lugar realmente é. Mas antes de terminar esta breve descrição do inferno é importante que compreendas que:

Deus NÃO quer que vás para lá.
- O Seu desejo é que todos venham a arrepender-se e evitem este lugar de destruição.[68]

---

58 Tiago 1:17
59 1 João 4:8
60 Marcos 10:18
61 Lucas 16:26; Romanos 15:13
62 João 14:6
63 Lucas 16:24; João 7:38
64 João 6:35
65 João 8:12
66 João 10:7
67 2 Tessalonicenses 1:9
68 2 Pedro 3:9

- O inferno foi criado para o diabo e os seus anjos, não para as pessoas.[69]
- A Cruz é a prova de que Deus quer poupar-te àquele lugar.[70]

O inferno é a tua escolha; tu não tens desculpa.

- Existem dois caminhos para a eternidade: o espaçoso e o apertado. Podes escolher o caminho apertado que leva à vida, ou podes escolher o caminho espaçoso que conduz à perdição.[71]
- Alguns de vocês são como os cinco irmãos do homem rico no inferno, que tinham a Lei e os profetas para os avisar, mas não lhes deram ouvidos.[72]
- O desejo de Deus era de te acolher, tal como a galinha ajunta os seus pintos, mas tu não O deixaste.[73]
- No final, os que forem para o inferno apenas vão receber o que escolheram por toda a sua vida – viver sem Deus e ao seu bel-prazer.

C.S. Lewis disse: "Existem apenas dois tipos de pessoas no final: aqueles que dizem a Deus: "Seja como Tu queres", e aqueles a quem Deus diz, no final: "Seja como tu queres"! Todos os que estão no inferno, escolheram-no."[74]

"Isso é terrível!" dizes. Sim, é verdade. Se não fosse pelo facto de que "Deus amou o mundo de tal maneira" o inferno seria o teu destino eterno. Deus não quer que as pessoas pereçam. Ele deseja que todos venham ao arrependimento e tenham no céu a sua morada eterna.[75]

Porém, Jesus disse que poucos entrarão no céu. "Porque estreita é a porta, e apertado o caminho que leva à vida, e poucos há que a encontrem."[76]

Agora vamos ver como é o céu.

---

69 Mateus 25:41
70 1 João 3:16
71 Mateus 7:13
72 Lucas 16:31
73 Lucas 13:34
74 The Great Divorce, p. 75
75 2 Pedro 3:9
76 Mateus 7:14

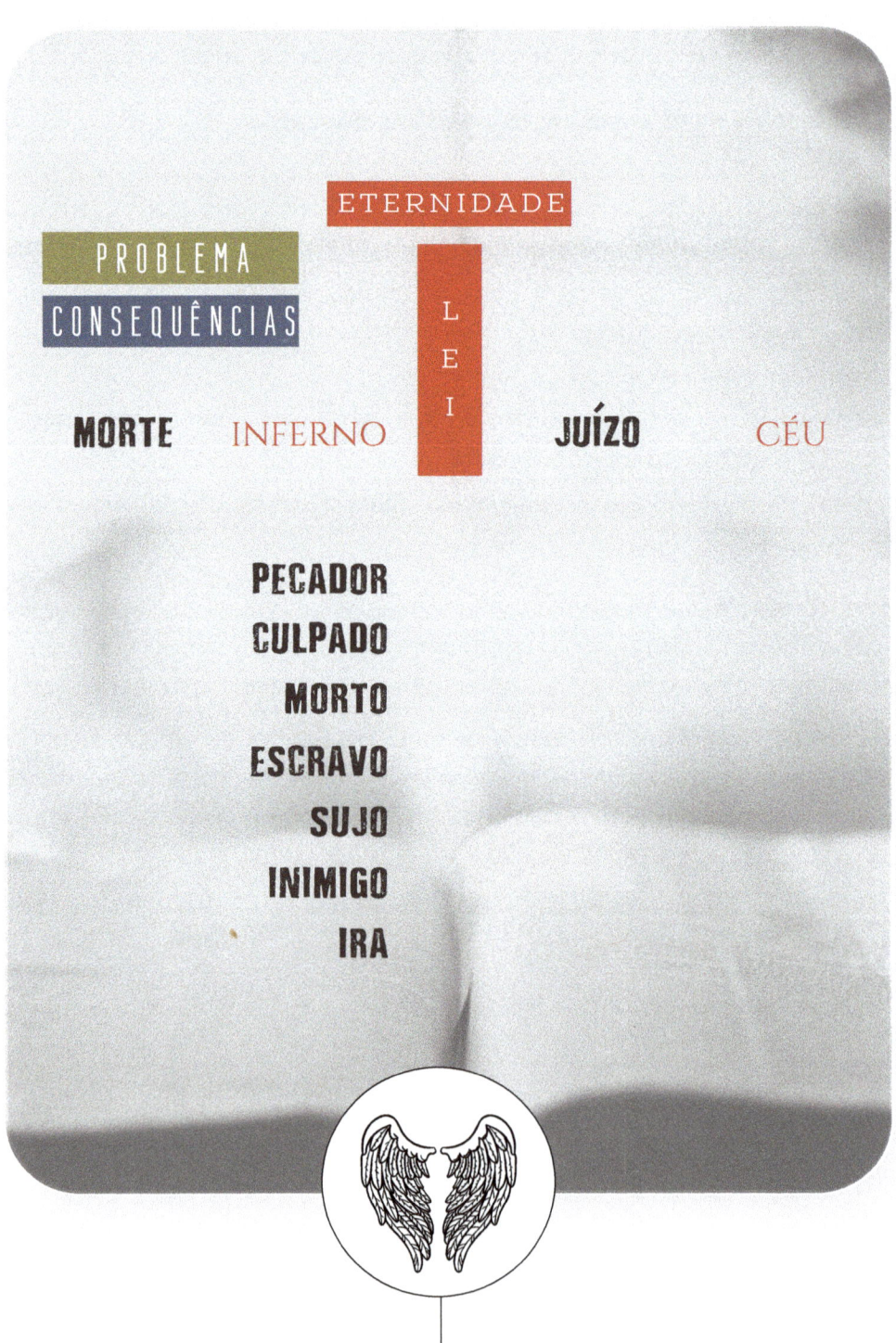

4. CÉU

O Que É o Céu?

O céu é a casa de Deus, um lugar permanente onde habita a presença de Deus. Porque Deus está ali, tudo o que é bom também ali está. Haverá ali amor, alegria, paz, bondade, pureza e esperança. Poderás desfrutar de beleza, comunhão, e vida em toda a plenitude.

A maioria do que sabemos sobre o céu aprendemos de Jesus e do Apóstolo João. Jesus disse que iria preparar ali um lugar para ti. João descreveu o céu como a nova Jerusalém, uma cidade com ruas de ouro, rios de água viva, e a árvore da vida. Ali verás os teus queridos que acreditaram, os anjos de Deus, e, o melhor de tudo, poderás ver Jesus face a face em toda a Sua glória!

No céu NÃO vais experimentar o pecado nem nenhuma das suas consequências. Não haverá doenças, nem morte, nem lágrimas, nem medo, nem solidão, nem depressão. Ficarás para sempre livre da tentação, das acusações e da condenação do diabo e seus demónios.

Assim que estás em Cristo tornas-te um cidadão do céu e o teu desejo é de estares lá com o teu Senhor e Salvador.

RECAPITULAÇÃO

Vamos recapitular a segunda coluna da mensagem do evangelho.

Ao falar sobre a eternidade, o pecador é lembrado da sua morte iminente e da certeza de que será julgado por Deus enquanto ainda está no seu pecado. O julgamento e o inferno são explicados e, por isso, ele está perfeitamente consciente das consequências.

Quando o Espírito Santo fizer o Seu trabalho usando a Lei e a eternidade, o pecador deverá ficar desesperado por uma solução para o seu problema com o pecado. A partir daí a Cruz fará sentido ao pecador e revelará a solução de Deus para ele.

CONSIDERAÇÕES FINAIS

Onde é que reside o poder de falar da eternidade?

1. Como o Espírito Santo convence do Dia do Julgamento, quando incluis isso na tua mensagem evangelística, estás a convidá-Lo a fazer o Seu trabalho e trazer o pecador face a face com as consequências do seu pecado.[77]

2. Como Deus colocou a eternidade nos corações dos homens,[78] quando falas no que acontece depois da morte, estás a convidar o Espírito Santo a penetrar no coração de pedra e a despertar o pecador indiferente a enfrentar a eternidade.

> Se evitares falar especificamente sobre morte, julgamento, céu e inferno no evangelismo, retiras uma das maiores ferramentas do Espírito Santo para avisar o pecador das consequências terríveis do seu pecado.

Quando o Espírito Santo revela a realidade do julgamento iminente e as suas consequências, Ele prepara o pecador para receber as boas notícias.

---

77 João 16:8
78 Eclesiastes 3:11

TESTEMUNHO

Jorge cresceu na igreja e até se tornou líder de jovens. Aos 16 anos, enquanto nadava, ele foi eletrocutado e morreu. Antes de ser reanimado, experimentou um medo profundo a respeito do lugar onde iria passar a eternidade. Alguns anos mais tarde, ele viajou até Espanha numa viagem missionária e envolveu-se com a ONTHEREDBOX. Deus começou a confrontá-lo com os seus pecados de orgulho, roubo e pensamentos lascivos. Pouco tempo depois, ele sonhou com o inferno, o que o levou a dobrar os seus joelhos e a clamar a Deus por perdão. Ele rendeu completamente a sua vida a Jesus e experimentou libertação do seu pecado. Jorge tornou-se tão apaixonado por partilhar sobre Jesus que foi para o México e para a América Latina formar equipas de evangelização e ajudar outros a mudar o seu destino eterno do inferno para o céu.

CAPÍTULO TRÊS
A Solução

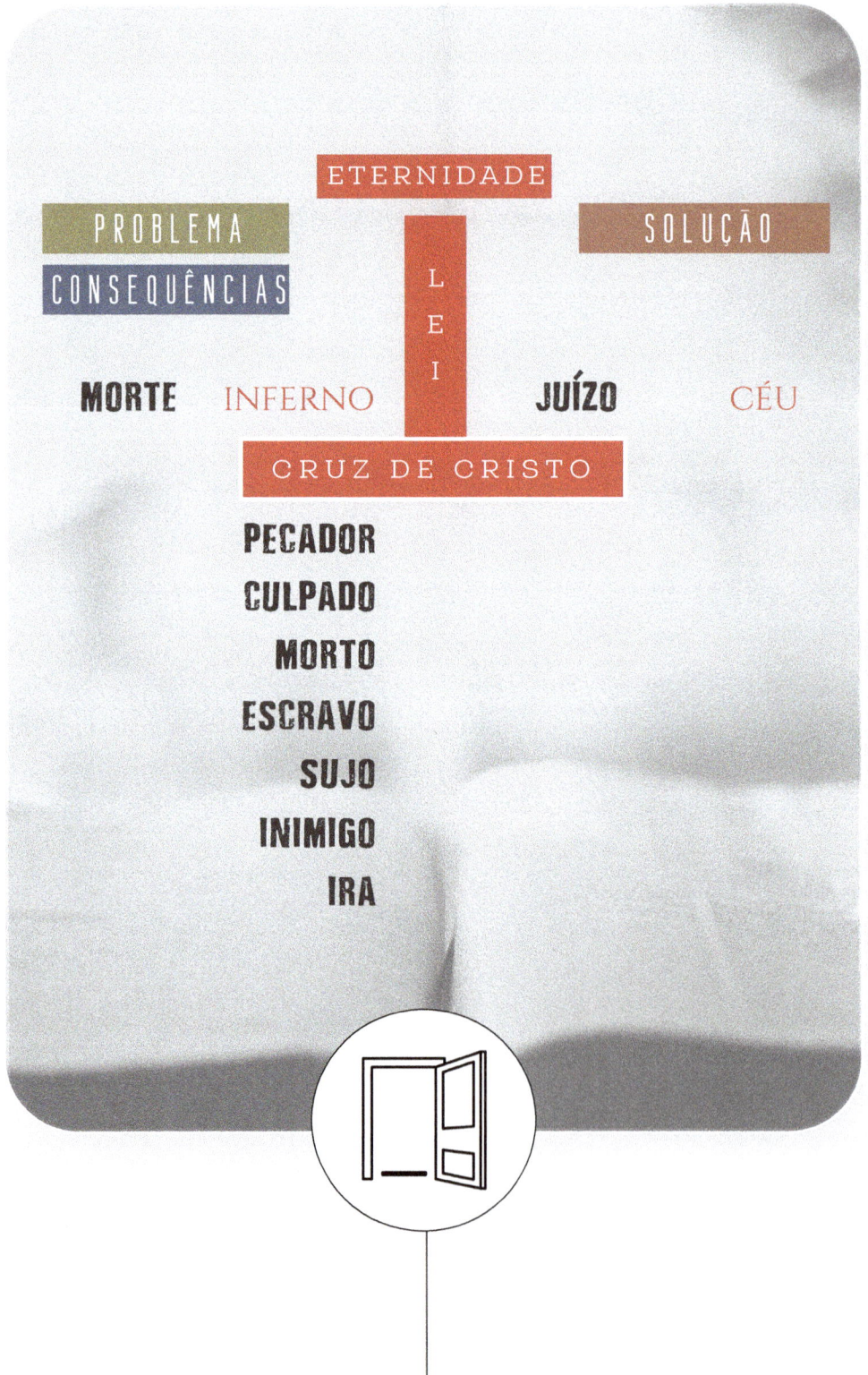

CAPÍTULO TRES: A SOLUÇÃO

> *Desejava que a história da minha transgressão rodoviária tivesse uma solução melhor. Recebi a multa de 100 dólares e a ordem de pagamento. Os meus pais não pagariam a minha multa, nem o meu melhor amigo. Como eu não tinha dinheiro, tive de trabalhar para o ganhar, limpando o estrume de um galinheiro. Foram precisas 20 horas de trabalho duro (e malcheiroso) para conseguir pagar a multa. Quem me dera que alguém se tivesse oferecido para pagar a multa no meu lugar!*

As multas que eu tinha de pagar por causa do meu pecado eram infinitamente maiores que a multa da minha transgressão rodoviária. Então, a solução que Jesus me ofereceu também foi infinitamente maior. Como Ele sabia que eu nunca conseguiria trabalhar para pagar por todo o meu pecado, Ele escolheu pagar por mim. Isto é graça.

Esta é a mensagem da Cruz, que nos oferece uma solução incrível para o nosso terrível problema e as suas consequências.

Ao olharmos para o espelho da Lei perfeita de Deus, ficamos sem palavras e culpados diante de Deus. Assim, ao enfrentarmos a eternidade, o temor de Deus vem sobre nós quando compreendemos que a consequência do nosso pecado é a morte eterna.

Nesta altura deveremos estar desesperados por uma solução e clamaremos: "Que é necessário que eu faça para me salvar."[79]

Na terceira coluna, Jesus Cristo oferece-nos o perdão pelo nosso pecado e uma porta aberta para o céu.

---

[79] Atos 16:30

COLUNA TRÊS
A CRUZ DE CRISTO

"Porque Deus amou o mundo de tal maneira que deu o Seu Filho unigénito."
(João 3:16)

Quando Deus enviou Jesus, Ele enviou-O para ser o teu substituto. Ele foi enviado para morrer no teu lugar. Ele tornou-Se o "Cordeiro de Deus que tira o pecado do mundo."[80] Ele morreu para te poder vestir da Sua justiça e tornar-te apresentável diante de Deus Pai.

> Jesus conhecia perfeitamente bem o teu problema e as terríveis consequências que te aguardavam. É por isso que Ele veio para te salvar.

Através da morte e da ressurreição de Jesus Ele provou que podia eliminar o teu pecado e transformar todas as más notícias em boas notícias.

Anteriormente olhámos intensamente para as sete doenças causadas pelo pecado nas nossas vidas. Eram só más notícias. Agora vamos olhar para a expiação, ou seja, para as boas notícias das sete principais provisões que Jesus conquistou para ti na cruz.

---
80 João 1:29

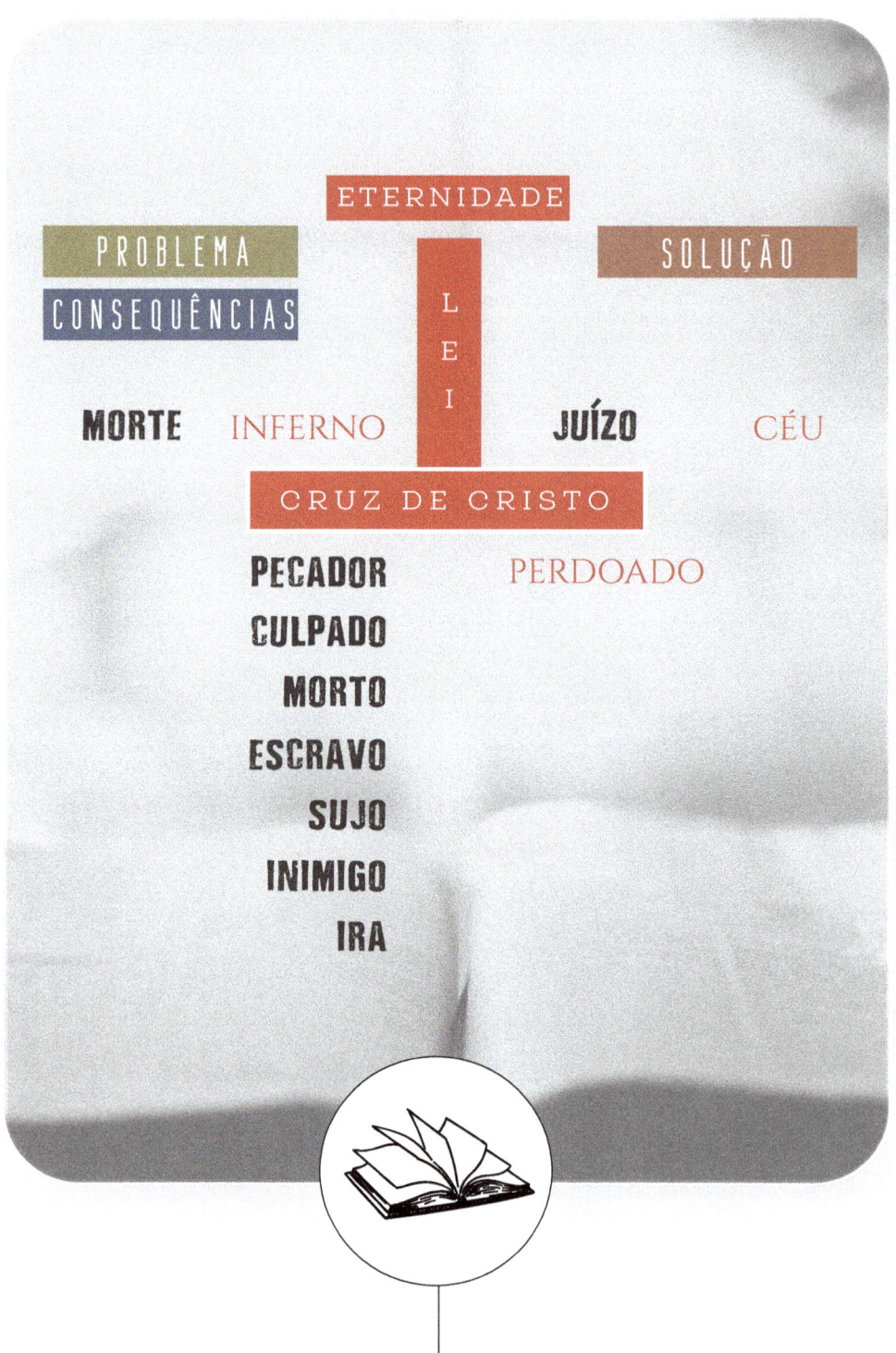

CAPÍTULO TRES: A SOLUÇÃO

1. PERDOADO – JESUS ASSUME O TEU LUGAR

> "Mas Deus prova o seu amor para connosco em que Cristo morreu por nós, sendo nós ainda pecadores." (Romanos 5:8)

Eis quatro coisas que Jesus sabe:

1. Todos os pecados escritos no livro da tua vida.
2. O salário do pecado é morte, inferno, e ira de Deus.
3. No Dia do Julgamento serás sentenciado a pagar pelo teu próprio pecado.
4. Não tens qualquer esperança de te salvares a ti próprio – a menos que encontres um substituto!

Agora Jesus vai lidar com o teu problema do pecado. É assim que Ele o faz.

> "Àquele que não conheceu pecado, o fez pecado por nós; para que, nele, fôssemos feitos justiça de Deus."[81]

Na cruz Jesus assumiu, sobre Si mesmo, o pecado do teu livro e foi "ferido de Deus e oprimido. Mas ele foi ferido pelas nossas transgressões e moído pelas nossas iniquidades."[82]

Depois, pela Sua ressurreição, Ele provou que tinha o poder para perdoar o pecador.

Aquele que não tinha pecado, pelo pecador. Jesus tomou o teu pecado de modo a oferecer-te o Seu perdão. Isto é uma boa notícia!

Substituição. Um assume o lugar de outro ou faz o que a outra pessoa não pode fazer por si mesma.

---

81 2 Coríntios 5:21
82 Isaías 53:4-5

TESTEMUNHO

Quando era criança, Julie pensava que era uma boa menina. Mas, com apenas 10 anos, ela ouviu alguém falar sobre como Jesus veio para salvar os pecadores. Ela teve um vislumbre do seu próprio coração e viu que estava cheio de pecado por causa de todas as mentiras que já tinha dito, as muitas coisas que tinha tirado à sua irmã, e o seu orgulho por pensar que era muito melhor que todas as outras pessoas. Naquele dia ela ajoelhou-se e disse: "Jesus, Tu vieste para salvar os pecadores. Eu sou pecadora. Perdoa-me e muda-me!" Quando ela se levantou algo estava diferente dentro dela. Ela sabia que Jesus a tinha perdoado. A partir daquele dia Julie viveu para seguir Aquele que tinha pago por todos os seus pecados.

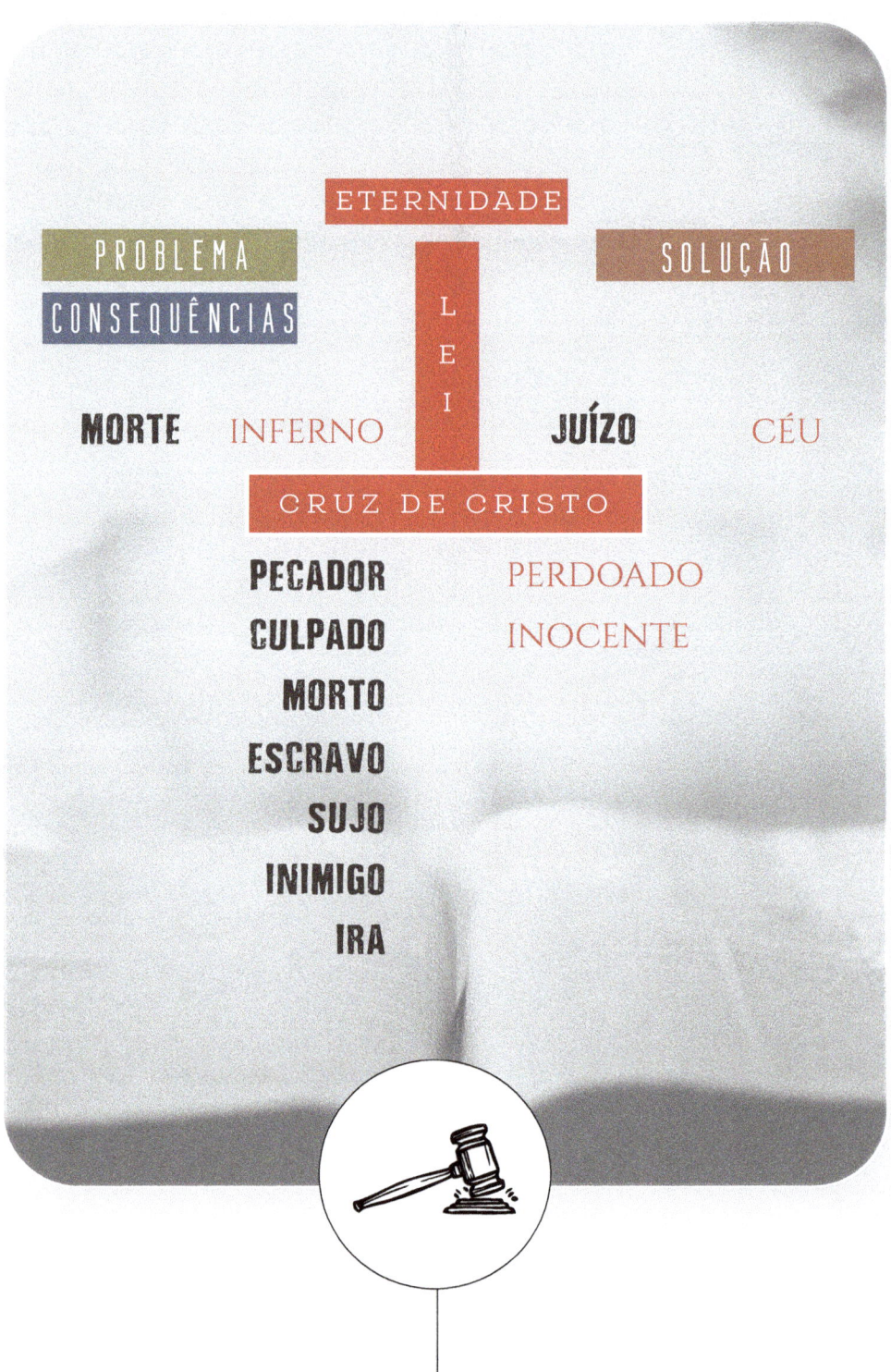

2. INOCENTE – JESUS JUSTIFICA-TE

"Sendo, pois, justificados pela fé, temos paz com Deus por nosso Senhor Jesus Cristo." (Romanos 5:1)

Eis três coisas que Jesus sabe:

1. O número de vezes que transgrediste a Sua Lei.
2. O teu veredicto no Dia do Julgamento será: culpado.
3. Não tens qualquer possibilidade de apagar a tua própria culpa – a menos que encontres um substituto!

Jesus assume voluntariamente o teu pecado e a tua culpa e, na cruz, recebe o veredicto de culpado. Ele paga o preço pela tua culpa e oferece-te a Sua justiça.

O inocente pelo culpado. Jesus assume a tua culpa para te poder dar a Sua inocência. Isto é uma boa notícia!

Justificação. É a resposta de Deus à fé genuína onde Ele, simultaneamente, perdoa o nosso pecado, declara que a nossa posição legal é de "perfeitamente sem pecado", e dá-nos o crédito pela vida justa que Jesus viveu.

CAPÍTULO TRES: A SOLUÇÃO

TESTEMUNHO

Juan Carlos presumiu que iria para o céu porque se considerava uma boa pessoa. Um dia olhou para os Dez Mandamentos de Deus e ficou surpreendido por descobrir que era culpado de roubar coisas que não lhe pertenciam, de pensamentos luxuriosos por causa da pornografia que via, e de ódio para com pessoas que o tinham ofendido. O peso dessa culpa era demasiado pesado para ele carregar. Quando um amigo lhe disse que Jesus tinha morrido para pagar pelo seu pecado, Juan Carlos orou e pediu a Jesus que o perdoasse do seu pecado e removesse toda a sua culpa. Ele ficou espantado e grato quando o peso do seu pecado desapareceu, apagado pelo perdão de Jesus!

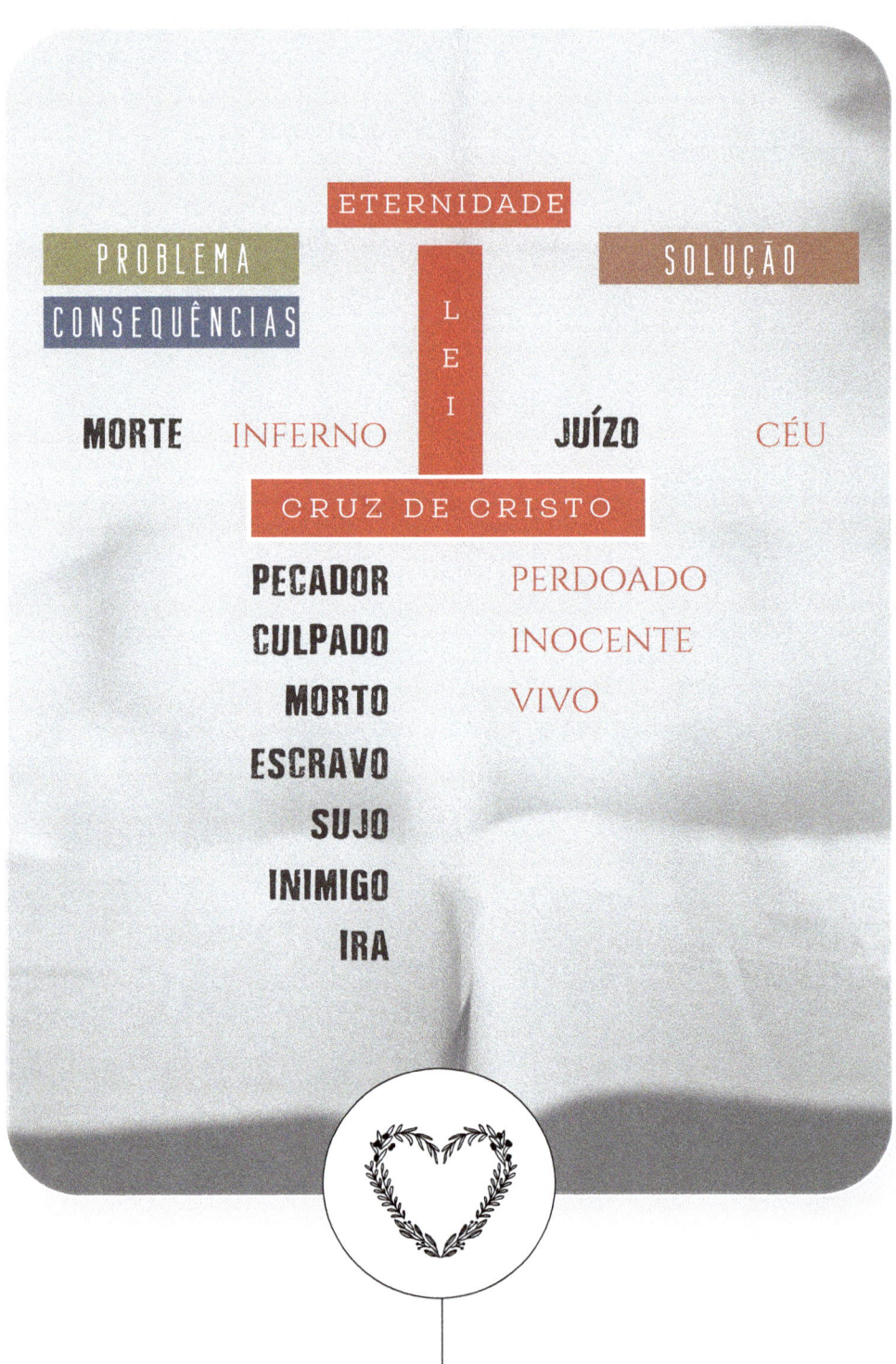

3. VIVO – JESUS REGENERA-TE

> "Mas Deus, que é riquíssimo em misericórdia, pelo seu muito amor com que nos amou, estando nós ainda mortos em nossas ofensas, nos vivificou juntamente com Cristo (pela graça sois salvos)." (Efésios 2:4-5)

Eis seis coisas que Jesus sabe:

1. Estás espiritualmente morto por causa do teu pecado.
2. A tua natureza pecaminosa controla a tua vida.
3. Não tens o desejo de viver em santidade.
4. A tua vida parece vazia e oca.
5. No Dia do Julgamento vais experimentar a segunda morte, o lago de fogo.
6. Não tens qualquer esperança de te ressuscitares dos mortos a ti próprio – a menos que encontres um substituto!

Jesus veio para que possas ter vida.[83] Quando Ele foi pregado na cruz, Ele suportou a penalidade pelo teu pecado, nomeadamente a morte.

> "Coroado de glória e de honra aquele Jesus que fora feito um pouco menor do que os anjos, por causa da paixão da morte, para que, pela graça de Deus, provasse a morte por todos."[84]

Jesus conquistou a morte e tem o poder de infundir em ti a Sua vida com a Sua natureza divina.

O vivo pelo morto. Jesus assumiu a tua morte para te poder dar a Sua vida. Isto é uma boa notícia!

Regeneração. É o infundir da natureza divina de Deus que traz uma nova vida espiritual e é confirmada por fruto genuíno.

---

[83] João 10:10
[84] Hebreus 2:9

TESTEMUNHO

Eu (Jacob) cresci na igreja e, por isso, tinha conhecimento de Deus. Apesar de ter repetido a oração do pecador inúmeras vezes, nada mudou na minha vida. Aos domingos eu era um santo e, nos dias da semana, eu era um diabo. Num retiro juvenil cristão, o Espírito Santo mostrou-me o meu pecado – impureza sexual, mentir aos meus pais, egoísmo, e por aí fora. Naquele momento eu sabia que ia para o inferno. Clamei a Jesus para me salvar e rendi-me completamente a Ele. Senti imediatamente a infusão do Seu Espírito. Foi como pôr uma saqueta de chá em água quente e o chá infundir toda a água. Quando o Espírito Santo me infundiu, tudo mudou! Eu nasci de novo. Jesus regenerou-me.

4. LIVRE – JESUS REDIME-TE

> "Ele nos tirou da potestade das trevas e nos transportou para o Reino do Filho do seu amor, em quem temos a redenção pelo seu sangue, a saber, a remissão dos pecados." (Colossenses 1:13-14)

Eis quatro coisas que Jesus sabe:

1. Tu deste-te ao pecado.
2. És escravo de pecados que são mais fortes do que tu.
3. No Dia do Julgamento aparecerás diante de Deus debaixo do jugo do pecado.
4. Não tens esperança de te libertares a ti próprio – a menos que encontres um substituto!

A Lei de Deus foi-te dada para lhe obedeceres, mas, em vez disso, obedeces aos apetites da tua própria carne. Escolhes a tua vontade em vez da vontade Dele. Portanto, tornaste-te um escravo do pecado.

Jesus também sabia que, se Ele te libertar, verdadeiramente serás livre.[85] Assim, para comprar a tua Liberdade, Ele pagou o preço pelo teu pecado. Ele pagou com a Sua vida. A Sua vida pela tua.

O homem livre pelo escravo. Jesus assumiu a escravidão do teu pecado para te oferecer a Sua liberdade. Isto é uma boa notícia!

Redenção. A compra, através do pagamento de um resgate, de uma coisa que se tinha perdido.

---

[85] João 8:36

TESTEMUNHO

Confessar os seus pecados nas visitas esporádicas à igreja sem virar as costas ao pecado não produziu nenhuma mudança em Kevin nem removeu a sua culpa. Ele permanecia escravizado pelo seu egoísmo, a sua rebeldia, e a sua imoralidade sexual. Mas, no dia em que os seus pais lhe deram um ultimato para que mudasse de estilo de vida ou saísse de casa, ele percebeu a sua grande necessidade e clamou a Jesus para que o libertasse do seu pecado e mudasse a sua vida. Naquela noite, Jesus quebrou-lhe as correntes do pecado e deu a Kevin um novo desejo de O seguir. A partir daí a vida de Kevin nunca mais foi a mesma e, agora, ele é livre para servir a Jesus de todo o seu coração.

CAPÍTULO TRES: A SOLUÇÃO

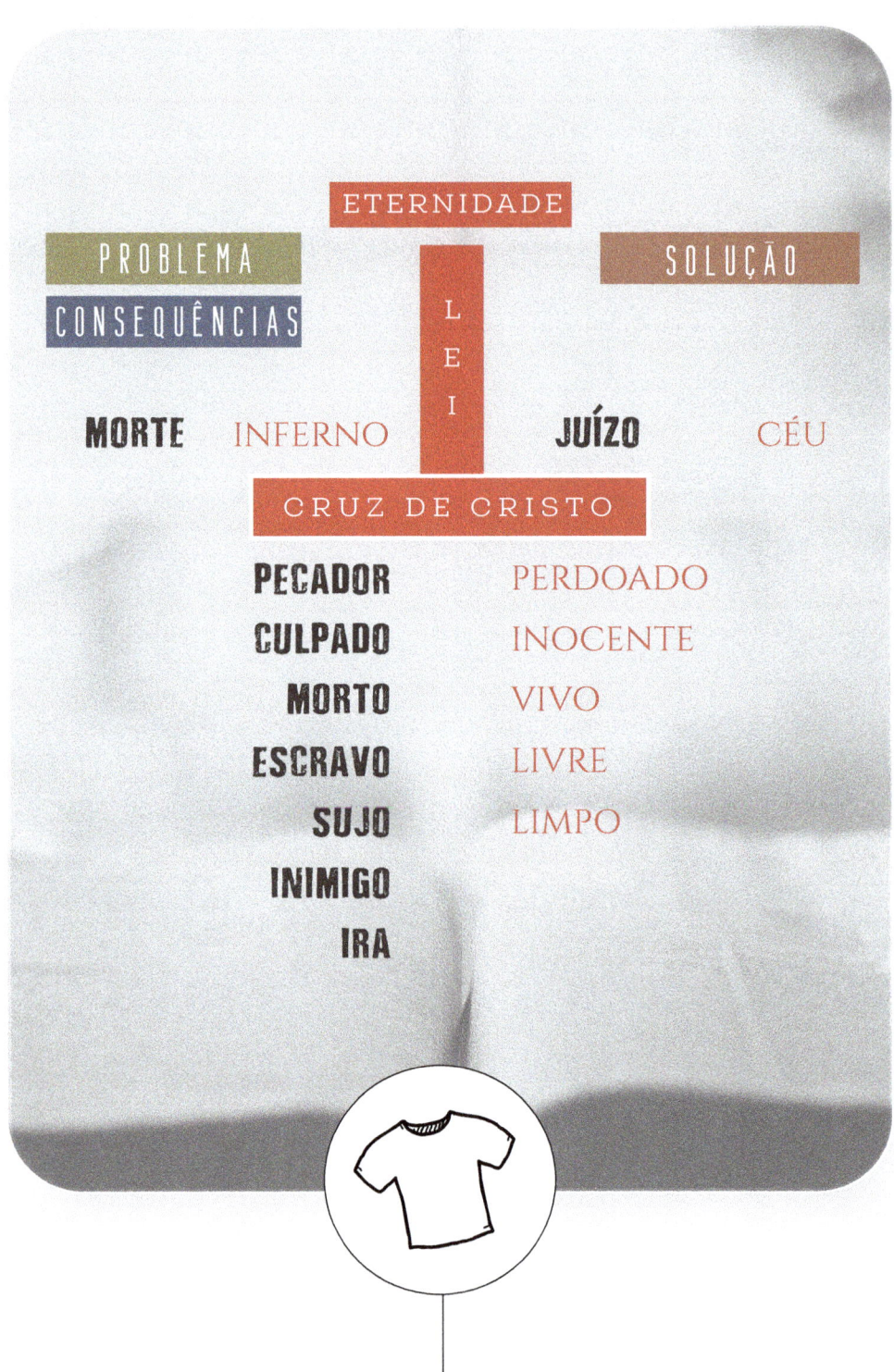

5. LIMPO – JESUS SANTIFICA-TE

> "Mas, agora, libertados do pecado e feitos servos de Deus, tendes o vosso fruto para santificação, e por fim a vida eterna." (Romanos 6:22)

Eis seis coisas que Jesus sabe:

1. A tua consciência está manchada pelo pecado.
2. Descobres que é impossível viver em santidade (separado do mundo e consagrado a Deus).
3. Tens mais da imagem do pecado no teu carácter do que da imagem de Cristo.
4. A tua justiça é como trapos imundos diante Dele.
5. No Dia do Julgamento, estarás diante de Deus coberto pela imundície do teu pecado.
6. Não tens esperança de remover a nódoa do pecado por ti próprio – a menos que encontres um substituto!

Jesus assumiu a tua impureza, o teu egoísmo e todo o teu pecado sobre Si mesmo quando morreu. E o que Ele comprou foi a tua santificação.

> O limpo pelo imundo. Jesus assumiu a tua imundície para que te pudesse dar a Sua pureza. Isto é uma boa notícia!

Santificação. A santificação ocorreu no momento que Deus (1) nos separou na conversão quando (2) começámos o processo vitalício de pôr carne e osso em santidade até (3) à nossa santificação completa e plenamente realizada quando Cristo regressar.

TESTEMUNHO

Cinthia era ativa na sua igreja, graduada de uma Escola Bíblica e envolvida no evangelismo de rua. Mas, um dia, quando assistia a uma formação de evangelismo, que apresentava em detalhe o nosso problema com o pecado, e por que razão era necessário que Jesus morresse na cruz, uma forte convicção de pecado veio sobre ela. Durou dois meses e, durante esse tempo, ela teve uma visão de si própria imersa na imundície do seu orgulho e engano. Até que uma mão a alcançou no meio do lamaçal, resgatou-a, lavou-a e ela ficou limpa. Isto levou-a a um arrependimento profundo de todo o seu pecado e ela ficou cheia de gratidão a Jesus pelo Seu perdão. O seu encontro com Jesus impeliu-a a partilhar apaixonadamente o evangelho com outros para que eles também pudessem experimentar a limpeza de Jesus e o Seu perdão.

CAPÍTULO TRES: A SOLUÇÃO 81

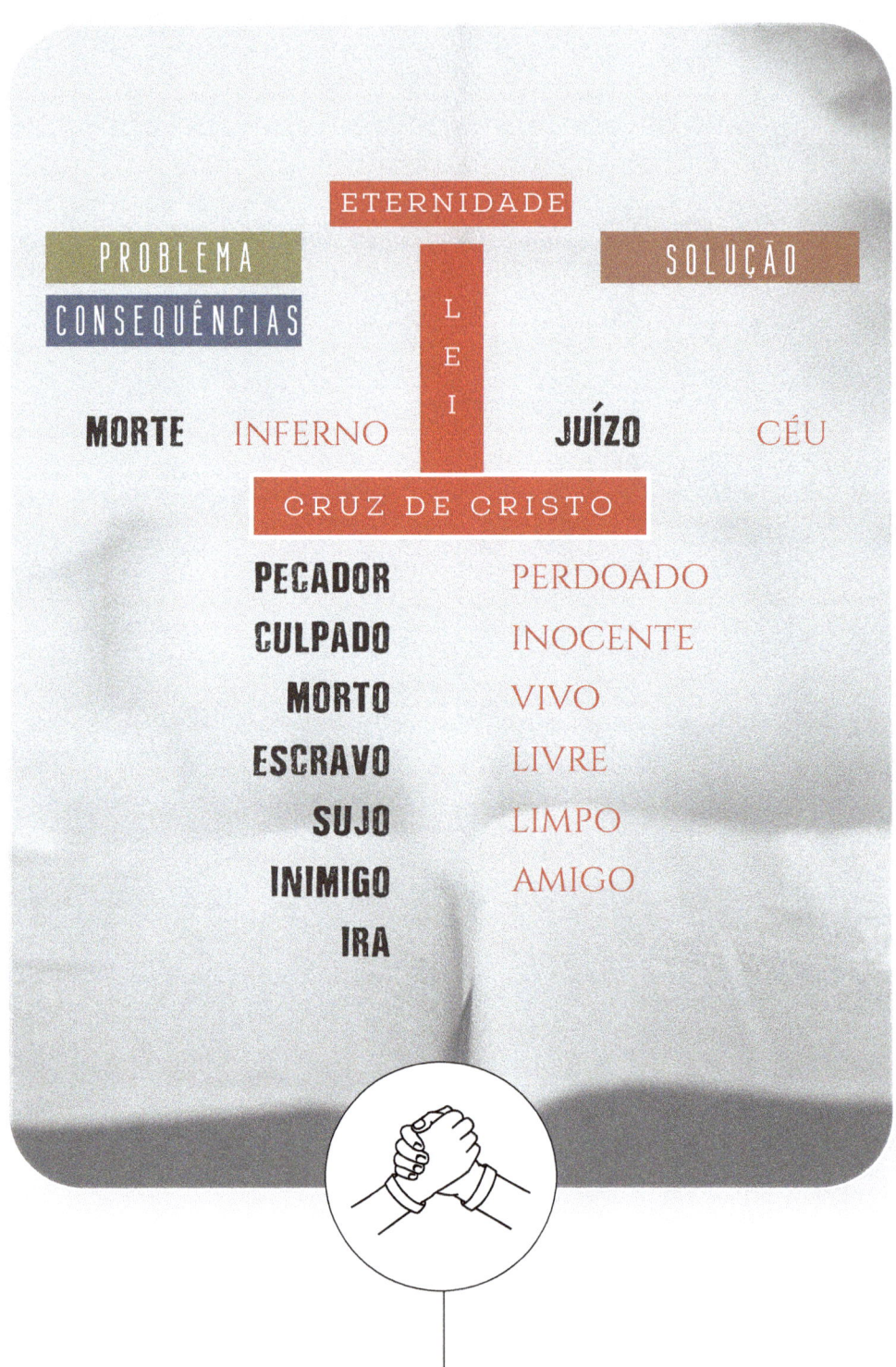

6. AMIGO — JESUS RECONCILIA-TE

> "Porque, se nós, sendo inimigos, fomos reconciliados com Deus pela morte de seu Filho, muito mais, estando já reconciliados, seremos salvos pela sua vida." (Romanos 5:10)

Eis cinco coisas que Jesus sabe:

1. Quando Deus te deu a Sua Lei, tu escolheste desobedecer.
2. Como amigo do mundo fizeste-te inimigo de Deus.
3. Quando estiveres diante de Deus no Dia do Julgamento, serás considerado Seu inimigo.
4. Os Seus inimigos serão lançados fora do Seu reino.
5. Não há esperança, pelos teus próprios esforços, de alcançares a reconciliação – a menos que encontres um substituto!

Jesus quer reconciliar-te com Deus. O único modo de isto acontecer é Ele tirar a rebeldia do teu coração, tomar o teu pecado, e morrer no teu lugar. Jesus tornou-Se inimigo de Deus quando assumiu todo o teu pecado na cruz e o Pai Lhe virou as costas. Foi quando Jesus disse "Deus meu, Deus meu, por que me desamparaste?!"[86] Jesus tornou-Se inimigo de Deus para que tu te pudesses tornar Seu amigo.

O amigo morre pelo inimigo. Isto é uma boa notícia!

Reconciliação. Jesus remove o pecado e o ódio que nos separa de Deus e preenche a lacuna para que o nosso relacionamento continue por toda a eternidade.

---

86 Marcos 15:34

TESTEMUNHO

Arnold cresceu em Berlim, na Alemanha, durante a época em que um muro impenetrável separava a Alemanha de Leste da Alemanha Ocidental. A nação, a cidade, e inúmeras famílias estavam separadas pelo muro até que este finalmente caiu em 1989, unindo novamente o país. Tendo crescido na igreja, Arnold sabia que o seu pecado era como um muro que o separava de Deus, e ele esforçava-se para se livrar da barreira do pecado. Ele repetiu a oração do pecador, foi batizado, frequentava a igreja sempre que possível, e confessava o seu pecado, mas ele ainda se sentia longe de Deus. Um dia ele orou: "Deus, eu não sinto o Teu amor e eu ainda não experimentei o Teu perdão. Se a Cruz tem alguma coisa a ver comigo, por favor mostra-me." E Deus fez isso mesmo. Poucos meses mais tarde, durante a Santa Ceia, Arnold finalmente compreendeu que Jesus assumiu o seu lugar na cruz e foi punido pelo seu pecado. Ele escolheu confiar totalmente no que Jesus tinha feito, voltou-se para Jesus, e virou as costas ao pecado. Naquele dia Deus derrubou a parede de separação e a vida de Arnold mudou radicalmente.

CAPÍTULO TRES: A SOLUÇÃO 85

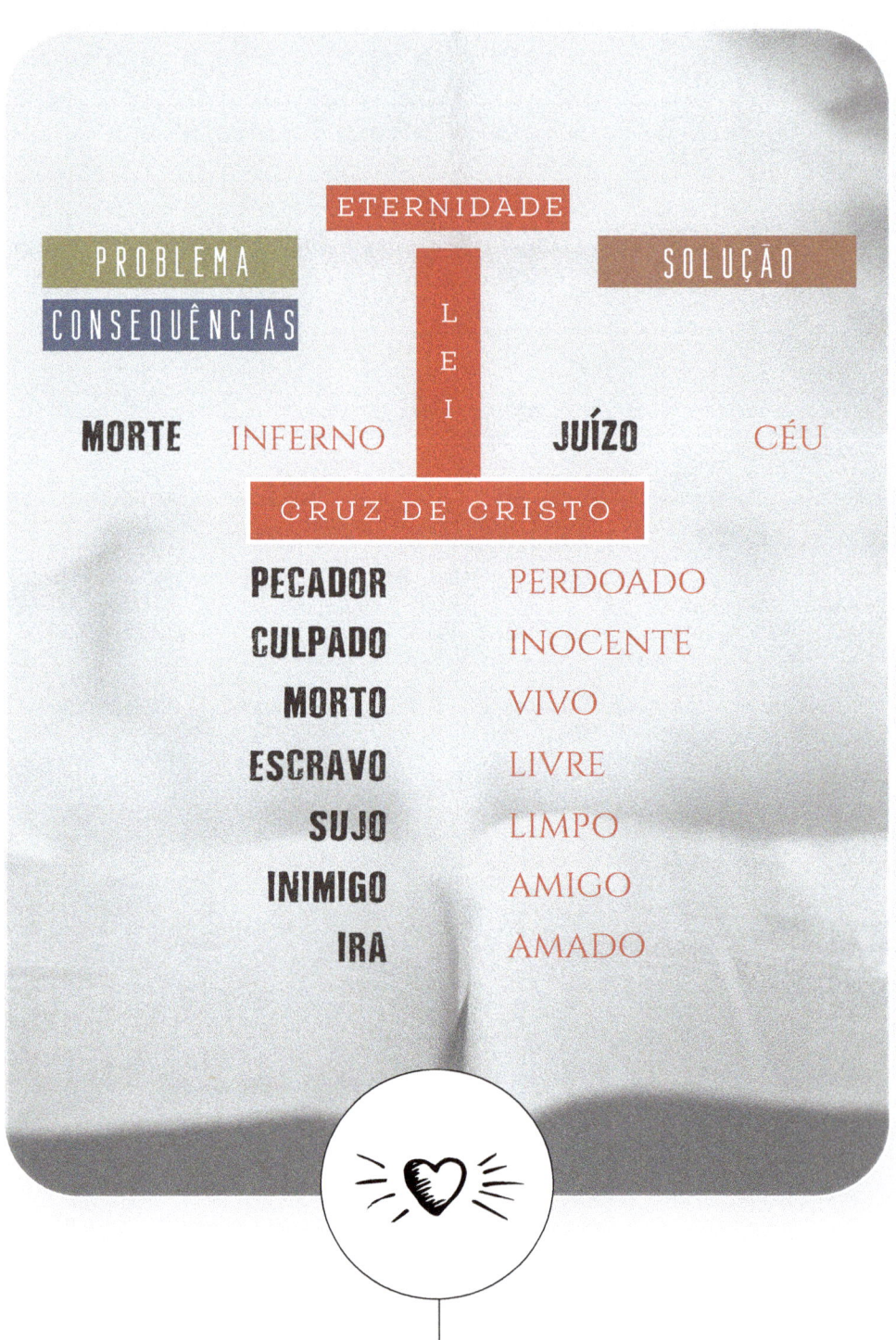

CAPÍTULO TRES: A SOLUÇÃO

7. AMADO – JESUS É A TUA PROPICIAÇÃO

> "Nisto está o amor: não em que nós tenhamos amado a Deus, mas em que ele nos amou e enviou seu Filho para propiciação pelos nossos pecados." (1 João 4:10)

Eis cinco coisas que Jesus sabe:

1. A ira de Deus é dirigida contra o pecado.
2. Tu estás cheio de pecado.
3. A ira de Deus permanece em ti.
4. No Dia do Julgamento serás considerado um filho da ira.
5. Não há esperança de removeres a ira de Deus pelos teus próprios esforços – a menos que encontres um substituto!

Vê Jesus no Jardim do Getsémani na noite antes da cruz. Ele sabia que tinha de beber o cálice da ira de Deus pelos pecados que tu cometeste. Ele pede que o cálice seja removido mas submete a Sua vontade à vontade de Deus, por amor a Deus e por amor a ti.

> Na cruz a ira de Deus é redirecionada. A ira de Deus está apontada diretamente para ti, e Jesus diz-te para te refugiares atrás da cruz. Então Ele assume o teu pecado sobre Si mesmo e absorve a ira no teu lugar.

Jesus recebeu a ira que tu merecias para que tu pudesses receber o amor de Deus. Isto é uma boa notícia!

Propiciação. Jesus tornou-Se o alvo da ira de Deus na cruz para satisfazer a justiça de Deus de modo a que a Sua ira fosse afastada de nós.

TESTEMUNHO

Quando era adolescente, Shirley desobedeceu ao horário estabelecido pela sua mãe chegando muito tarde a casa e teve de encarar as consequências da sua desobediência. Quando o seu irmão mais velho viu que ela ia ser castigada, ele colocou-se entre ela e as consequências iminentes e disse: "Por favor, não a castigues! Castiga-me a mim no lugar dela!". Anos mais tarde, quando Shirley percebeu que também tinha desobedecido a um Deus santo e merecia o Seu justo castigo, ela então compreendeu que quando Jesus morreu na cruz Ele Se colocou entre ela e a ira justa de Deus e recebeu o castigo que ela merecia para que ela pudesse receber o perdão de Deus. Shirley ficou grata pelo que o seu irmão fez por ela anos antes, mas ela está eternamente grata por aquilo que Jesus fez por ela.

A RESSURREIÇÃO

É extremamente importante que na mensagem da Cruz expliques o significado da ressurreição.

"E os apóstolos davam, com grande poder, testemunho da ressurreição do Senhor Jesus, e em todos eles havia abundante graça."[87] De facto, quase todas as suas mensagens incluíam a ressurreição.

Jesus instou os Seus ouvintes a acreditarem em tudo o que Ele ensinou. Ele disse-lhes para olharem para os milagres para que ficassem convencidos que Ele era de Deus e que tudo o que Ele dizia era verdade. Finalmente, Ele disse que iria provar que Ele tinha vindo de Deus e que falava por Deus. Ele disse: "Derribai este templo." Por outras palavras: "Matem-Me."[88] Ele prometeu que o Seu Pai O ressuscitaria dos mortos, provando assim a validade da Sua mensagem.

> A ressurreição é a prova de que tudo o que Jesus ensinou é verdade.

Mas, ainda mais significativamente, a ressurreição é a prova de que a morte de Jesus na cruz foi suficiente para satisfazer a justiça de Deus e liquidar a dívida do nosso pecado.

"O qual por nossos pecados foi entregue e ressuscitou para nossa justificação."[89] A ressurreição de Jesus é a prova de que a nossa dívida foi completamente paga e Deus aceitou o sacrifício Dele em nosso favor.

É por causa da Sua ressurreição que nós podemos nascer de novo. É porque Cristo ressuscitou que a nossa fé não é vã, e nós já não permanecemos nos nossos pecados[90].

---

87 Atos 4:33
88 João 2:19
89 Romanos 4:25
90 I Coríntios 15:17

CAPÍTULO TRES: A SOLUÇÃO

RECAPITULAÇÃO

O Poder da Cruz

A pregação ou a partilha da mensagem da Cruz é onde reside muito do poder do evangelho. Toma nota da palava "poder" nestes versículos.

"Porque não me envergonho do evangelho de Cristo, pois é o **poder** de Deus para salvação de todo aquele que crê."[91]

"Porque a palavra da cruz é loucura para os que perecem; mas para nós, que somos salvos, é o **poder** de Deus."[92]

"Mas nós pregamos a Cristo crucificado, que é escândalo para os judeus e loucura para os gregos. Mas, para os que são chamados, tanto judeus como gregos, lhes pregamos a Cristo, **poder** de Deus e sabedoria de Deus."[93]

Por que É Tão Poderosa a Mensagem da Cruz?

1. Agrada a Deus. A obra de Jesus na cruz e a proclamação dessa mensagem é a única maneira de Deus salvar os que acreditam.[94]

2. A Fé é libertada. A fé vem pelo ouvir, o que a seguir permite às pessoas acreditarem e clamarem pelo nome do Senhor e serem salvas.[95]

3. Jesus está ativo. É Ele que atrai para Si mesmo o pecador. "E eu, quando for levantado da terra, todos atrairei a mim."[96]

4. Conduz à salvação. Jesus é o único caminho para o Pai, e, debaixo do céu nenhum outro nome há, dado entre os homens, pelo qual devamos ser salvos.[97]

---

91 Romanos 1:16
92 I Coríntios 1:18
93 I Coríntios 1:23-24
94 I Coríntios 1:21
95 Romanos 10:13
96 João 12:32
97 João 14:6; Atos 4:12

CONSIDERAÇÕES FINAIS

A solução que Deus te ofereceu através da Cruz é espantosa e tremenda. Porém, por melhores que sejam estas boas notícias, só podem ser aplicadas à tua vida através das quatro colunas. Nenhuma das boas notícias te pertence sem a resposta que muda a tua vida: o arrependimento e a fé.

CAPÍTULO QUATRO
A Nossa Resposta

Em 1982 apaixonei-me pela Julie Gleason de 19 anos. Conheci-a na Escola Bíblica e o meu maior desejo era casar e passar o resto da minha vida com ela. Eu disse-lhe que renunciava às outras três mil milhões de mulheres do mundo se ela simplesmente dissesse: "Sim!" Eu não tinha dinheiro nem bens, mas podia oferecer-lhe uma vida cheia de missões. Eu podia oferecer-lhe a mim próprio.

Chegou o dia em que eu iria pedir a sua mão em casamento. Eu estava tão nervoso que só me apareceram borbulhas e aftas. Naquela noite eu ajoelhei-me e perguntei-lhe: "Por todo este tempo que tenho estado à espera, Julie Gleason, queres casar comigo?" Final da história.

Espera! Então e qual foi a resposta dela? É que não há casamento sem o "Sim!" Não teríamos casamento se a Julie não dissesse "sim."

Ela disse "sim."

Precisas dizer "sim" a Jesus. Precisas de dar uma resposta ao que Ele fez por ti.

1. Na primeira coluna percebeste o teu problema quando a Lei provou que eras culpado de pecado diante de Deus.
2. Na segunda coluna, o temor de Deus vem sobre ti ao compreenderes que a consequência do teu pecado é a morte eterna.
3. Na terceira coluna, quando estás sem esperança e sem Deus neste mundo,[98] Jesus intervém e providencia, através da cruz, uma solução para o teu problema e dá-te a esperança da vida eterna.
4. A quarta coluna explica como responder à oferta de perdão da parte de Cristo.

A esperança da vida eterna é absolutamente espantosa. Porém, é apenas uma esperança. Mantém-se apenas como uma oferta até que o pecador responda à mensagem.

---

98 Efésios 2:12

CAPÍTULO QUATRO: A NOSSA RESPOSTA

Existe um número incontável de pessoas que estão perfeitamente cientes de que são pecadoras e que Deus as ama "e morreu na cruz pelos seus pecados". Porém, os seus nomes não estão escritos no livro da vida. No Dia do Julgamento elas vão ouvir a temível sentença: "Nunca vos conheci; apartai-vos de mim."[99]

Porquê? Porque, para essas pessoas, é apenas informação. São religiosas, mas não são filhas de Deus. Adoram-No com os seus lábios, mas os seus corações estão longe Dele.[100] Essas pessoas dizem Senhor, Senhor, mas não fazem o que Ele diz.[101] Existem muitas pessoas nesta situação. Não responderam ao evangelho da forma que Deus manda.

---

99 Mateus 7:23
100 Mateus 15:8
101 Lucas 6:46

CAPÍTULO QUATRO: A NOSSA RESPOSTA

COLUNA QUATRO
ARREPENDIMENTO E FÉ

"...anuncia agora a todos os homens, em todo lugar, que se arrependam, porquanto tem determinado um dia em que com justiça há de julgar o mundo, por meio do varão que destinou..." (Atos 17:30-31)

1. ATRAVESSAR A CRUZ

Há uma série de más notícias no lado esquerdo da cruz, e existe um igual número de boas notícias no lado direito da cruz. Como é que tu "atravessas a cruz"?

> Tens de responder favoravelmente ao que Jesus fez por ti. Para receberes as boas notícias do evangelho tens de te arrepender e acreditar.

"O tempo está cumprido, e o Reino de Deus está próximo. Arrependei-vos e crede no evangelho."[102]

Cuidado com a resposta errada.

Nós NÃO somos salvos por irmos à igreja, por sermos batizados, ou por ensinarmos na Escola Dominical. Não é suficiente tentar ser uma boa pessoa ou esforçar-se para seguir os Dez Mandamentos. O teu nome não fica escrito no livro da vida por repetires uma oração da fé ou "aceitares Jesus". Isso não é suficiente.

Muitos têm colocado a sua fé nestas coisas e, no final, serão lançados fora da presença de Deus.

A primeira coisa que Deus requer é o arrependimento.

---

102 Marcos 1:15

2. O QUE É O ARREPENDIMENTO?

Tens de te arrepender e voltar para Deus se queres que os teus pecados sejam apagados.[103]

Arrependimento era uma palavra comum no idioma grego dos dias de Jesus. Porém, não começou por ser uma palavra religiosa.

Suponhamos que um homem vai para Jerusalém, mas perde-se no caminho. Aproxima-se de uma pessoa e pergunta se está na estrada para Jerusalém. O homem responde-lhe que não, que, na verdade, ele está a ir na direção oposta. "O senhor tem de se arrepender e ir naquela direção se quiser chegar a Jerusalém."

Arrependimento é a tomada de consciência de que estás a percorrer a estrada larga que conduz à destruição. Portanto, tu "mudas de ideia" em relação ao caminho em que estás. Inverte a marcha e começas a andar pelo caminho apertado que conduz à vida.

3. O PODER DO ESPÍRITO SANTO

Até este momento, o poder do Espírito Santo tem estado extremamente ativo através das três primeiras colunas.

1. O Espírito Santo convence-te do teu pecado.
2. O Espírito Santo convence-te do julgamento que está para vir.
3. O Espírito Santo revela Cristo e a Sua obra por ti na cruz.
4. Agora Deus concede-te o arrependimento.

4. COMO É QUE EU ME ARREPENDO?

Arrependimento é uma mudança de pensamento, atitude e ação para com Deus e o pecado.

---

[103] Atos 3:19

a) Mudança de Pensamento (A Tua Mente)

Quando te arrependes, concordas com Deus e dizes: "Deus está certo e eu estou errado." É isto que a confissão significa. Vês o pecado como Deus o vê: excessivamente maligno.[104]

Imagina que alguém te oferecia uma fatia de bolo de chocolate confecionado com ingredientes da melhor qualidade: farinha, açúcar, ovos e manteiga. Mas, depois, a pessoa dizia-te que a massa também continha um bocadinho de cocó de cão na mistura. Comerias o bolo? É claro que não porque o cocó de cão é extremamente nojento! É assim, numa pequena escala, que Deus vê a luxúria, a inveja, o orgulho, e a imoralidade; extremamente nojentos![105] Assim que vês o pecado como Deus o vê, podes então dizer como o salmista David depois de ter sido confrontado por causa do seu pecado: "Contra ti, contra ti somente pequei, e fiz o que a teus olhos é mal."[106]

b) Mudança de Atitude (As Tuas Emoções)

O verdadeiro arrependimento muda o modo como te sentes a respeito do teu pecado. Não te sentes apenas mal por teres sido apanhado no pecado; sentes uma tristeza profunda por aquilo que fizeste e por teres ofendido profundamente um Deus santo. Tens um desejo sincero de mudar e de te acertares com Deus.

c) Mudança de Ação (A Tua Vontade)

O arrependimento envolve uma tomada de decisão de te afastares do teu pecado e de te voltares para Deus.

Madrid tem um sistema de transportes públicos excelente, com metro e comboios suburbanos. Mas, por vezes, podes cometer o erro de entrar num comboio que vai na direção errada. Assim que te apercebes que vais

---

104 Romanos 7:13
105 Aim for the Heart, Kevin Prevost, pp. 7-8
106 Salmo 51:4

na direção errada tomas a decisão de sair do comboio, passar para a outra plataforma e apanhar o comboio certo que te vai levar na direção certa.

Com a tua vida tens de tomar a mesma decisão. Quando te apercebes que o teu pecado te está a levar na direção errada, tens de decidir parar de ir nessa direção, abandonar o teu pecado, inverter a marcha e começar a seguir Jesus. A menos que tomes essa decisão, vais acabar no destino errado.

O Arrependimento É um Mandamento

"Mas Deus… anuncia agora a todos os homens, em todo lugar, que se arrependam."[107] Não se trata apenas de "aceitar Cristo". Cristo tem de nos aceitar e isso só acontece através do arrependimento.

5. O QUE É A FÉ?

Muitas pessoas estão confusas sobre o que significa viver pela fé, confiar, ou crer em Jesus.

O Que a Fé que salva NÃO é:

1. NÃO é apenas concordar intelectualmente. Os demónios "crêem", mas não são salvos.[108] Existem muitas pessoas religiosas que têm apenas uma crença intelectual em Deus e não são salvas.

2. NÃO é algo sem fundamento. O dicionário secular Merriam-Webster 2017 define a fé como: "a crença firme em algo sem provas." A sociedade moderna entende a "fé" como alguma coisa à qual falta fundamento, uma "fé cega". Mas a fé verdadeira tem um firme fundamento!

---

107 Atos 17:30
108 Tiago 2:19

O Que a Fé que salva É:

1. Rendição a Jesus. Levantas a bandeira branca, entregas as armas e deixas de lutar contra Deus e contra a Sua vontade, e rendes-te a Ele. Em essência, dizes: "Eu desisto", e reconheces a Sua autoridade sobre a tua vida. Entregas-Lhe as chaves da tua vida e confias que Ele te vai conduzir ao Seu melhor destino

2. Compromisso. Numa cerimónia de casamento, renuncias a todas as namoradas anteriores e prometes o teu amor àquela pessoa para o resto da tua vida. Quando te comprometes com Jesus, renuncias a todo o pecado que antes amavas e comprometes-te a amar e obedecer a Jesus para o resto da tua vida. Dás-Lhe o teu coração

3. Dependência. A fé bíblica é a dependência total de Deus. A história espantosa de Charles Blondin, um famoso equilibrista francês, ilustra isso maravilhosamente.

> *A acrobacia mais famosa de Blondin aconteceu a 14 de setembro de 1860 quando ele se tornou a primeira pessoa a atravessar, numa corda esticada sobre as poderosas cataratas do Niágara, uma distância de cerca de 340 metros. Pessoas do Canadá e dos Estados Unidos viajaram quilómetros para assistir a este grande feito.*
>
> *Ele caminhou 49 metros acima da água, para um lado e para o outro várias vezes e, cada vez de uma maneira diferente: num saco, sobre andas, numa bicicleta, às escuras, e vendado. Uma vez ele levou um fogão e cozinhou uma omelete no meio da corda!*
>
> *Uma grande multidão juntou-se para assistir e o burburinho do entusiasmo era grande em ambas as margens do rio. A multidão soltava gritos de espanto e admiração enquanto Blondin caminhava cuidadosamente, um arriscado passo de cada vez, empurrando um carrinho de mão com um saco de batatas.*
>
> *Quando ele alcançou a outra margem, o som do aplauso da multidão era maior que o rugido das cataratas!*

> *Subitamente, Blondin parou e dirigiu-se à multidão: "Acreditam que eu consigo atravessar com uma pessoa dentro do carrinho de mão?"*
>
> *A multidão gritou entusiasmada: "Sim! Tu és o maior equilibrista do mundo. Nós acreditamos!"*
>
> *"Está certo," disse Blondin, "Quem quer entrar para o carrinho de mão?"*

No que diz respeito à história de Blondin, ninguém se ofereceu!

Esta história ímpar é uma ilustração retirada da vida real do que a fé realmente é. A multidão assistia a estes feitos ousados. As pessoas diziam que acreditavam, mas as suas ações provam que eles não acreditavam o suficiente para lhe confiarem as suas próprias vidas.

Semelhantemente, uma coisa é dizermos que acreditamos em Deus. Porém, a fé verdadeira é quando pomos toda a nossa confiança no Seu Filho, Jesus Cristo.

Nota: Em agosto de 1859 Harry Colcord, o agente de Blondin, realmente atravessou as cataratas às costas dele.[109]

---

109 http://inspire21.com/stories/faithstories/CharlesBlondin

CAPÍTULO QUATRO: A NOSSA RESPOSTA

RECAPITULAÇÃO

O arrependimento e a fé são a tua resposta ao convite de Jesus quando te encontras na encruzilhada da vida.

- Começas a tua vida seguindo a estrada larga que conduz ao inferno.
- Chegas a uma encruzilhada e Jesus convida-te a segui-Lo.
- Tens de tomar a decisão de abandonar o teu pecado, inverter a marcha e seguir Jesus.
- Há ocasiões em que tropeças e cais, mas não permaneces no chão. Arrependes-te, Jesus levanta-te, e continuas a caminhar com Ele; não voltas para a estrada larga do pecado.

CONSIDERAÇÕES FINAIS

Onde é que reside o poder do arrependimento e da fé?

Quando um pecador responde a Jesus com arrependimento e fé, acontece...

1. Um novo nascimento.[110]
2. Uma nova criação.[111]
3. Salvação do pecado.[112]
4. Vida eterna.[113]
5. Alegria no céu. "Há alegria diante dos anjos de Deus por um pecador que se arrepende."[114] Repara nisto – basta que apenas uma pessoa se arrependa para que todo o céu se regozije! Eu não sei de mais nenhum ato isolado que tenha o poder de mover o céu como o arrependimento.
6. Atravessar das más notícias para as boas notícias. Através do arrependimento na direção de Deus, e a fé em Cristo, há o poder para te transportar do lado esquerdo da cruz para o lado direito, mudando todas as tuas más notícias em boas notícias!

---

110 João 3:3
111 2 Coríntios 5:17
112 Romanos 1:16
113 1 João 5:11-12
114 Lucas 15:10

TESTEMUNHO

Enquanto jovem adulta, Veronica mudou-se para Madrid à procura de Deus. Certa noite ela passou pela grande praça, a Puerta del Sol, e ficou surpreendida por ouvir uma mulher numa caixa vermelha a cantar sobre Jesus. A seguir, um homem começou a partilhar uma história sobre um juiz e de como um dia nós estaremos diante de Deus e prestaremos contas das nossas vidas. Veronica ficou surpreendida por ouvir alguém falar da sua vida e do seu pecado, e reconheceu que era culpada diante de Deus. Foi então que alguém se aproximou dela e, com graça e misericórdia, explicou como Jesus providenciou a solução para o problema dela com o pecado, através da Sua morte na cruz. O coração de Veronica estava preparado e, ali mesmo, naquela praça, ela arrependeu-se do seu pecado e rendeu a sua vida a Jesus. A sua nova amiga começou a discipulá-la, ela tornou-se aluna de uma Escola Bíblica e depressa começou a partilhar com outros a sua recém-descoberta fé.

RECAPITULAÇÃO DAS QUATRO COLUNAS DA MENSAGEM DO EVANGELHO

A lei de Deus mostra-nos as más notícias, de que somos pecaminosos, culpados de transgredir os mandamentos de Deus, espiritualmente mortos, escravos do pecado, sujos, inimigos de Deus, e merecedores da ira de Deus.

A eternidade mostra-nos as terríveis consequências eternas do pecado.

A cruz revela como Jesus Cristo nos salva, pagando por todas as nossas más notícias.

Agora Jesus chama-nos ao arrependimento e a rendermos as nossas vidas a Ele, para que possamos passar para o lado certo da cruz e alcançar uma posição correta diante de Deus.

Então, e no que te diz respeito?

"Examinai-vos a vós mesmos se permaneceis na fé."[115]

De que lado da cruz te encontras?

Já rendeste a tua vida a Jesus?

Já viste o teu pecado, o perigo do inferno?

Vês Jesus pendurado na cruz por ti?

Já renunciaste ao pecado e correste para Jesus em busca do Seu perdão?

---

[115] 2 Coríntios 13:5

Se é o teu caso, Deus oferece-te vida eterna e serás imediatamente:

1. Perdoado de todo o pecado; o livro apagado.

2. Inocente. O veredicto de Deus a teu respeito é: inocente.

3. Vivo com o Espírito Santo a habitar em ti.

4. Livre das cadeias do pecado, de Satanás e do mundo.

5. Limpo da imundície que te impede de entrar no céu.

6. Amigo de Deus. Toda a rebeldia é removida. Entregaste as tuas armas.

7. Amado por Deus. Recebes misericórdia em vez de ira.

Este é o amor de Deus.

> **Porque não aproveitas para conversar com Jesus agora mesmo? Arrepende-te de qualquer pecado que reconheças e entrega a tua vida a Ele. Depois agradece-Lhe por aquilo que Ele fez por ti.**

CONCLUSÃO

"Porque não me envergonho do evangelho de Cristo, pois é o poder de Deus para salvação de todo aquele que crê, primeiro do judeu e também do grego." (Romanos 1:16)

A Importância de Partilhar Todas as Quatro Colunas

A tarefa que Jesus te dá é proclamar a mensagem do evangelho a todas as pessoas.

Ao proclamares o evangelho, inclui todas as quatro colunas na mensagem, porque é o poder de Deus para salvação.

- Se removeres a Lei, o que acontece à mensagem? Sem a Lei para nos mostrar o nosso pecado, não existe um problema. Sem problema não há consequências, nem necessidade de solução, nem resposta. Tudo depende da primeira coluna. Até que compreendas o teu grave problema com o pecado, nada mais faz sentido.

Porém, muitos cristãos têm relutância em falar sobre o pecado para evitar ofender as pessoas ou fazê-las sentir-se mal. Tal como um médico atencioso, tens de falar a verdade em amor, e explicar a enfermidade espiritual para que busquem o tratamento que lhes poderá salvar a vida.

- Se removeres a eternidade, o que acontece à mensagem? Se a eternidade não existe, então não existem consequências. Podemos ser culpados de pecado mas, se não existir um julgamento ou vida depois da morte, o que é que isso importa?

Porém, a eternidade é real! E, tal como Jesus, precisas avisar os outros das consequências eternas que os aguardam, na esperança de que eles deixem a estrada larga que conduz à destruição. O amor compele-nos a avisar os outros acerca do perigo que correm..

- Se removeres a Cruz, o que acontece à mensagem? Sem a Cruz, não existe solução. Podemos ser culpados e condenados ao inferno, mas sem a Cruz não há esperança.

Apesar da importância da Cruz, infelizmente omitimo-la com frequência do nosso evangelismo, oferecendo, em seu lugar, um Salvador que melhora as nossas vidas, ajuda os nossos casamentos, enriquece-nos, ou faz-nos mais felizes. Porém, a Cruz tem de ser o centro da mensagem do evangelho. Jesus veio para morrer na Cruz para nos libertar do nosso pecado e dar-nos a vida eterna.

- Se removeres o arrependimento e a fé, o que acontece à mensagem? Sem o arrependimento e a fé, não existe salvação. Podemos saber que somos culpados e que estamos a caminho do inferno, e até podemos saber que Jesus morreu na cruz pelos nossos pecados. Mas, a menos que nos arrependamos e rendamos as nossas vidas a Jesus, não poderemos ser salvos. Repetir uma "oração da fé" ou "aceitar Jesus" não é suficiente sem o verdadeiro arrependimento e a rendição a Ele.

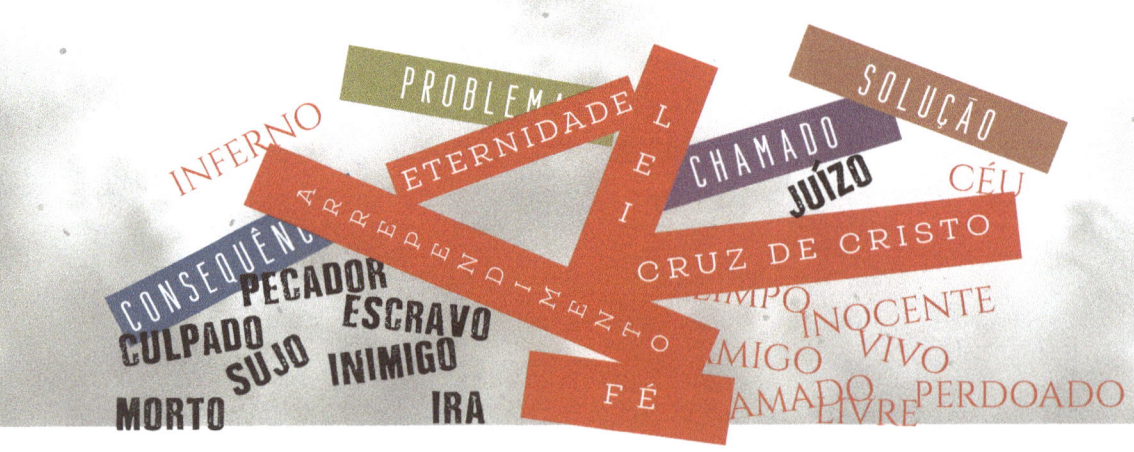

CONCLUSÃO

Cada uma das quatro colunas é essencial à mensagem e demonstra o poder de Deus.

- O Espírito Santo convence-nos do pecado, o nosso horrível problema.
- O Espírito Santo convence-nos da justiça e do julgamento, das consequências trágicas do nosso problema com o pecado.
- O Espírito Santo revela a obra maravilhosa de Jesus na cruz e oferece-nos a solução.
- O Espírito Santo dá-nos nova vida quando nos arrependemos e Lhe damos as nossas vidas.

A mensagem da Cruz é poderosa para transformar vidas!

> *Quando regressei a Espanha depois dos cultos de avivamento na América, a minha vida tinha sido transformada pelo poder do evangelho. Tinha um desejo intenso de jejuar e buscar a Deus. Tornei-me extremamente sensível ao pecado e não queria ofender a Deus de maneira nenhuma. O meu fardo por almas aumentou significativamente. O meu ministério tornou-se absolutamente focado na pregação da mensagem da Cruz.*
>
> *O ministério ONTHEREDBOX[116], com a sua ênfase na pregação centrada na cruz, na oração, no evangelismo, e no treinamento de evangelistas, nasceu como resultado do meu encontro com o poder do evangelho. E vem mostrar que o poder do evangelho tem a capacidade de mudar tanto o crente como o descrente.*

Seja qual for o meio que tu escolheres para proclamar o evangelho, compromete-te a focar na mensagem da Cruz.

"Sabendo o temor que se deve ao Senhor, persuadimos os homens à fé."
(2 Coríntios 5:11)

Jacob Bock

---

116 ontheredbox.com

SOBRE O AUTOR

Jacob Bock chegou a Espanha em 1982 para evangelizar em Alicante durante o Mundial de Futebol e, ali, recebeu de Deus a sua chamada. Cinco anos mais tarde, chegou com a sua esposa Julie a Santiago de Compostela para fundar uma igreja. Desde esses dias iniciais até ao presente, seja envolvido na plantação de igrejas, no Festival da Luz, no ensino, ou no ministério itinerante, a paixão do Jacob tem sido alcançar os perdidos. O seu ministério atual, *On the Red Box*, tem delegações em vários países da Europa e da América. Ver almas salvas e treinar outros para testemunharem de modo efetivo tem sido o cunho de um ministério constante e fiel em Espanha e em muitas outras partes do mundo. Jacob Bock anda com Deus e isso é evidente pelo fruto que ele demonstra.

— Scott Smith

www.ingramcontent.com/pod-product-compliance
Lightning Source LLC
Chambersburg PA
CBHW042026100526
44587CB00029B/4314